Estoy muy agradecido que Tom y Jan hayan escrito este libro. No hay mejor pareja que haya conocido que pueda enseñar la fortaleza del matrimonio y de la familia, como este dúo dinámico. Mi esposa Pam y yo hemos aprendido muchísimo al observarlos y escucharlos. Ustedes crecerán en su relación si leen y prestan atención a las palabras sabias en estas páginas.

—BRADY BOYD
PASTOR TITULAR, NEW LIFE CHURCH
@PASTORBRADY

En este libro, Tom y Jan descubren el conflicto al frente de la batalla en muchos matrimonios: la lucha de las personalidades por el poder. Desde sus más de cuarenta años de matrimonio, Tom y Jan saben que los únicos ganadores de estas batallas de relaciones son las parejas que aprenden a amar las diferencias de cada uno, a perdonar las heridas que se han causado mutuamente y a unir su independencia en la gracia de Dios. Este libro se traslada más allá del amor y el respeto que son necesarios para hacer que el matrimonio funcione y nos conduce hacia la esperanza y sanidad.

—CHRIS HODGES
PASTOR TITULAR, CHURCH OF THE HIGHLANDS
AUTOR DEL LIBRO *FRESH AIR AND FOUR CUPS*

Tom y Jan han abierto su vida y matrimonio para que podamos aprender de este libro. Su historia parece tan conocida para aquellos a quienes ministramos en The Hideaway Experience. La lectura de este libro abrirá los ojos a muchas parejas que luchan con sus diferencias. Es una forma maravillosa en que el matrimonio le permite a Dios empezar a transformar su individualidad y luego como pareja.

—STEVE Y RAJAN TRAFTON
COFUNDADORES Y OPERADORES DE
THE HIDEAWAY EXPERIENCE

Muchas veces, los libros que tratan el tema del matrimonio no facilitan que los có ellos o no son respetuosos para esposas. Afortunadamer

T0188467

creado un libro que permite que ambas partes se sientan comprendidos, usando un material que ha sido diseñado para respetar a las personas individuales así como a la institución del matrimonio. Debido a su acercamiento, este es uno de los libros para matrimonios más relevantes, auténticos y aplicables que he leído en mi carrera como terapeuta y educador. Los conceptos bíblicos, sólidos combinados con la transparencia personal permiten al lector identificarse y encontrar la raíz de los problemas que puede estar enfrentando. Firmemente siento que este libro posee la receta para el éxito del matrimonio, crecimiento personal y libertad espiritual.

—Dr. Cassie Reid, LPC-S, PhD
Fundador de Cassie Reid Counseling
Profesor de consejería bíblica en
The King's University

¡Lucha de poder! Cada pareja las tiene y ninguno gana. Tom y Jane Lane nos enseñan cómo crecer a través de ellas y nos dan ayuda práctica para nuestro propio matrimonio. Les encantará su sinceridad transparente y abierta. ¡Les animo a leer este libro!

—Nancy Houston
Pastora asociada, Ministerio de Familia y
Matrimonio
Gateway Church

En mis veinte años de ministerio en el matrimonio, ayudando a hombres reservados a aumentar su liderazgo con sus esposas de forma eficaz ha sido el único problema más difícil que he tenido que enfrentar. Ahora tengo el recurso perfecto para ayudar a esas parejas. Tom y Jan Lane develan el misterio de la armonía del matrimonio entre los hombres pasivos y las mujeres asertivas. Su sabiduría, perspicacia y aplicación personal cambiará su vida. Esta es una lectura obligatoria.

—Travis Turner
Fundador de Divine Romance Ministries Inc.
Autor del libro *The Family Quarterback*

MUJERES
FUERTES
y los hombres
QUE LAS AMAN

TOM *y* JAN LANE

CASA
CREACIÓN

La mayoría de los productos de Casa Creación están disponibles a un precio con descuento en cantidades de mayoreo para promociones de ventas, ofertas especiales, levantar fondos y atender necesidades educativas. Para más información, escriba a Casa Creación, 600 Rinehart Road, Lake Mary, Florida, 32746; o llame al teléfono (407) 333-7117 en Estados Unidos.

Mujeres fuertes y los hombres que las aman
por Tom y Jan Lane
Publicado por Casa Creación
Una compañía de Charisma Media
600 Rinehart Road
Lake Mary, Florida 32746
www.casacreacion.com

Traducido por: Ivette Fernández-Cortez
Editado por: Nancy Carrera
Director de diseño: Justin Evans

Originally published in the U.S.A. under the title:
Strong Women and the Men Who Love Them
Published by Gateway Create Publishing
Texas, USA
Copyright © 2015
All rights reserved

Visite la página web de los autores: www.TomLaneBooks.com

Nota de la editorial: Aunque los autores hicieron todo lo
posible por proveer teléfonos y páginas de internet correctas al
momento de la publicación de este libro, ni la editorial ni los
autores se responsabilizan por errores o cambios que puedan
surgir luego de haberse publicado.

Library of Congress Control Number: 2015954302
ISBN: 978-1-62998-825-2
E-book ISBN: 978-1-62998-837-5

Impreso en los Estados Unidos de América
16 17 18 19 20 * 7 6 5 4 3 2 1

*Este libro está dedicado a nuestros padres,
Jim y Joyce Lane; y Dean y Dorothy Frazier.
Su propio compromiso a amar y el compromiso
mutuo nos ha provisto de un modelo a seguir
y un fundamento para emprender nuestro
matrimonio. El legado de sus vidas y relaciones
continúa viviendo en las nuevas generaciones
de nuestros hijos y nietos. ¡Honramos y agra-
decemos su compromiso, fidelidad y amor!*

TABLA DE CONTENIDO

RECONOCIMIENTOS

$i\mathcal{Q}$ UÉ PRIVILEGIO HA SIDO ESCRIBIR ESTE LIBRO CON el amor de mi vida durante ya 42 años! Ella ha llenado todos los espacios vacíos y ha enriquecido este libro de la misma forma en que ha enriquecido mi vida en todos los aspectos. Al escribir mis capítulos en este libro, qué regalo tan magnífico, extravagante, incomparablemente increíble ha sido ella para mí, ¡un regalo que provino directamente de la mano de Dios! Qué dicha ser tu compañero en este libro y, más importante aún, ¡en la vida!

Este libro no habría sido posible sin el apoyo de mi amigo, Jimmy Evans. Hace muchos años él tuvo la idea de este libro durante una conversación conmigo. Hemos sido amigos cercanos con Jimmy y Karen durante los últimos 35 años. Hemos crecido juntos en el ministerio como amigos y como familias apoyándonos mutuamente. ¡La amistad que tenemos me ha influenciado y bendecido grandemente en formas innumerables! ¡Gracias, Jimmy y Karen!

Robert y Debbie Morris han sido amigos nuestros durante más de treinta años, y he tenido el privilegio de trabajar junto con Robert en el ministerio durante los últimos diez años. Él ha facultado a todo el equipo de Gateway para esforzarse en alcanzar lo mejor de Dios y nos ha animado en nuestro desarrollo. Debbie ha sido una amiga y ha animado mucho a Jan; su amistad y el gentil apoyo le ha dado a Jan la libertad para ser la mujer que Dios diseñó que fuera. Robert y Debbie, ¡estamos agradecidos por su amistad, ánimo y liderazgo!

Hay muchas otras personas que han contribuido inmensamente para completar este proyecto. Gracias a mi asistente, Becky Howe, por hacer malabares con mi horario para que mi apretada agenda funcionara y coordinar las cosas para Jan y para mí. Gracias a Sarah Wronko por su ayuda en la edición y el ánimo permanente que nos dio mientras traíamos a la vida este libro. Gracias al equipo de Create Publishing: Marsia Van Warmer, quien trabajó incansablemente para llevar a cabo esta realidad; a Bobby Williams y Thomas Miller por creer en nosotros. Gracias Charisma House por su apoyo y la promoción de este proyecto. Wes Harbour, Adrienne Gaines y el resto del equipo, su compromiso a la excelencia esculpió mis pensamientos; y su visión y ánimo nos inspiraron a lo largo de este recorrido.

Al liderazgo superior del equipo de Gateway Church: Todd Lane, Dave Smith y Kevin Grove muchas gracias por ser flexibles conmigo y permitirme tener un espacio en nuestro horario ministerial para trabajar este proyecto. Muchas gracias también a mis amigos y a mis compañeros del consejo de ancianos de Gateway Church por su cobertura y oraciones de apoyo mientras escribíamos. Su compromiso nos ha bendecido a Jan y a mí en muchas formas que son difíciles de mencionar. ¡Jan y yo nos sentimos honrados de servir junto con ustedes!

Finalmente, pero no menos importante, estamos agradecidos con Dios por su mano amorosa que ha estado trabajando en nuestro matrimonio desde ese día en junio de 1972 cuando comprometimos nuestra vida el uno al otro. Él ha caminado con nosotros a través de los buenos tiempos y nos ha ayudado en los tiempos difíciles. Él nos ha dotado con fortaleza y oportunidad para escribir este libro. Muchas gracias, Señor, por las cosas maravillosas que has hecho.

PRÓLOGO

POR JIMMY EVANS

E HECHO CIENTOS DE SEMINARIOS PARA matrimonios alrededor del mundo y he hablado en vivo ante miles de personas. Frecuentemente, durante mis presentaciones hago dos preguntas a la gente y le pido a los participantes que levanten su mano si la respuesta es "sí".

Mi primera pregunta es esta: ¿Cuántos de ustedes crecieron en un hogar donde uno de sus padres claramente dominaba al otro? Inmediatamente, el 78 por ciento de las personas presentes levantan su mano.

Luego, hago la segunda pregunta: ¿Cuántos de ustedes, los que acaban de levantar la mano, creen que ese dominio de uno de sus padres sobre el otro tuvo un impacto negativo en su matrimonio y en la familia? Inmediatamente, toda mano levantada la primera vez vuelve a subir. Nunca he tenido un resultado diferente en ninguna parte.

Esta encuesta, que he tomado durante muchos años, enfatiza una verdad importante: sencillamente no fuimos diseñados por Dios para dominarnos mutuamente en el matrimonio ni en ninguna otra relación. Cuando Dios creó a Eva como la ayuda idónea de Adán en Génesis capítulo 2, no existe indicio alguno de que uno de ellos debía dominar o ejercer señorío sobre el otro. Sin embargo, después de la caída en Génesis capítulo 3, Dios declara una siniestra maldición sobre su relación. Esto es lo que Él dijo:

> Luego le dijo a la mujer: "Haré más agudo el dolor de tu embarazo, y con dolor darás a luz. Y desearás controlar a tu marido, pero él gobernará sobre ti".
>
> —GÉNESIS 3:16, NTV

Note en la segunda parte del versículo, que Dios declaró una batalla por el control entre Adán y Eva como parte de las consecuencias de su pecado. La relación armoniosa, bella, que ellos habían experimentado antes, era historia. Ahora, como consecuencia de sus pecados y su nueva naturaleza pecaminosa, pelearían para ver quién controlaría al otro.

El problema con el control es que está contra el diseño de Dios para el matrimonio, y nunca funciona. Sin embargo, ¿recuerda la encuesta? Cuando le pregunto a la gente cuántos de ellos vienen de hogares donde había dominio en la relación de sus padres, 78 por ciento responden "sí". Y luego cuando les pregunto si ellos piensan que eso tuvo un impacto negativo en el matrimonio de sus padres y en la familia, ellos vuelven a responder sí inmediatamente. Eso le da una idea de por qué hay tanta disfunción y divorcio en nuestra cultura.

Y no es solamente nuestra cultura: es parte de la historia del mundo. Desde la caída del hombre, la naturaleza pecaminosa en nosotros, desea, de manera egoísta, dominar a los demás y hacer las cosas a nuestra manera ha afectado a cada sociedad y generación. Es una parte de la condición humana. Entonces, ¿quiere decir que estamos atorados y no podemos hacer nada en cuanto a eso? ¡Absolutamente, no!

Mi esposa, Karen, y yo hemos estado casados por más de 40 años y tenemos un matrimonio fuerte e íntimo. El matrimonio es una gran bendición para nosotros. Sin embargo, no siempre fue así. Cuando estábamos recién casados, yo era un hombre dominante y machista. Yo pensaba que los hombres eran mejores que las mujeres, y provenía de generaciones de machistas en mi familia. Karen, por otro lado, tenía una autoestima terriblemente baja y era muy pasiva. Aunque era conveniente para mi personalidad dominante, no era sano y nos llevó a una disfuncionalidad e infelicidad cada vez mayor.

Después de varios años de matrimonio, Karen y yo ya no teníamos intimidad y nos habíamos "desenamorado". Estábamos al borde del divorcio, y yo pensaba que todos nuestros problemas eran culpa de Karen. Sin embargo, milagrosamente, después de mucha oración por parte de Karen, Dios habló a mi corazón y yo cambié. Me arrepentí ante Karen por la forma en que la había dominado e irrespetado, y aprendimos a relacionarnos como iguales. A medida que Dios estaba trabajando en mí para ser más humilde y sensible con Karen, Él también estaba trabajando en ella para sanarla de sus inseguridades y hacer que fuera más asertiva. Eso salvó nuestro matrimonio y empezó una nueva época de amor e intimidad que ha durado todos estos años.

Dominio y pasividad son de género neutral. Hay tantas mujeres dominantes como lo hay hombres, y hay tantos hombres pasivos como lo hay mujeres pasivas. En nuestro matrimonio con Karen, yo era el cónyuge dominante y Karen era más pasiva. Sin embargo, en muchos matrimonios hay una esposa dominante y un esposo pasivo. Ese era el caso de los autores de este libro.

Tom y Jan Lane han sido amigos de Karen y míos durante más de 35 años. Ellos son más que amigos: son familia. Hemos pasado con ellos miles de horas en casi todas las fases y épocas de la vida. Ambos son dos de las personas más entregadas a Dios que conozco. Su matrimonio es opuesto al nuestro. Jan es la cónyuge más dominante y Tom es más pasivo. Hemos sido testigos de primera mano de la dinámica negativa de su relación antes de que su matrimonio fuera sanado. No creo que ellos tendrían la calidad de matrimonio que tienen ahora sin su compromiso profundo con Dios y el uno con el otro. La intensidad de sus problemas pudo haberlos separado. Sin embargo, ellos estaban determinados, se arremangaron la camisa y, con la ayuda de Dios, lo hicieron funcionar.

Una de las razones por la que escribieron este libro es porque, un día, yo le sugerí a Tom que lo consideraran. Vemos tantas parejas que tienen una dinámica de relación mujer dominante/hombre pasivo que los está separando y ellos no saben qué hacer al respecto. Este libro narra la crónica de cómo Tom y Jan enfrentaron directamente los retos en su matrimonio y vencieron sus problemas. Ellos no solamente vencieron sus problemas, aprendieron a experimentar el amor y la intimidad del matrimonio tal y como Dios lo diseñó.

Me encanta este libro, y estoy muy orgulloso de Tom y Jan por ser sinceros y transparentes. Con la guía del Espíritu Santo, han descubierto cómo una mujer dominante y un hombre pasivo pueden aprender a entenderse y amarse el uno al otro en un matrimonio verdadero y centrado en Cristo. Hay esperanza en cada página de este libro para las parejas que desean un mejor matrimonio.

—JIMMY EVANS
FUNDADOR Y DIRECTOR DE MARRIAGETODAY

PRÓLOGO

POR ROBERT MORRIS

*L*A PRIMERA VEZ QUE MI ESPOSA DEBBIE Y YO fuimos a cenar con Tom y Jan Lane, pudimos vislumbrar sus personalidades diferentes. Estábamos ordenando la comida y cuando yo di mi orden, Jan dijo: "¡Excelente! ¡Siempre he querido probar eso!". La miré y le dije: "Mejor si lo pides para ti, porque no te voy a compartir nada de lo mío". Ella solo se rio, y al mismo tiempo, yo estaba pensando: "Hablo en serio. ¡No te voy a dar nada de mi comida!". Pero, en efecto, cuando la comida llegó, ¡ella tomó un poco con su tenedor!

Como que me sorprendió un poco cuando eso sucedió, pero después me di cuenta que es normal en las parejas ser polos opuestos. Yo esperaba que Jan fuera más como Tom, a quien había conocido antes de esa noche y hasta habíamos jugado golf juntos en varias ocasiones; sin embargo, él era exactamente lo opuesto a ella. Él es un líder estratégico, contemplativo y piensa las cosas cuidadosamente. Luego, está Jan. Ella tiene una personalidad vivaz y extrovertida, es divertida y alegre: siempre es el alma de la fiesta. Ella considera su amigo a todo el que conoce y, definitivamente, ¡no tiene miedo de comer del plato de un nuevo amigo! En lo que se refiere a Tom y a Jan, el dicho "polos opuestos se atraen" no pudo ser más cierto.

En realidad, su situación no es poco usual. Las parejas son como piezas de rompecabezas. Todas vienen en diferentes tamaños y formas, aun así juntas quedan perfectamente. Con Tom y Jan es así. Me gusta decir que son una combinación hecha en el cielo; sin embargo, el trueno y el relámpago también están hechos en el cielo. Tienen algunas características opuestas de su personalidad que, sin Cristo, habría hecho que su matrimonio fracasara; aun así, también tienen similitudes que les han permitido tener una fuerte conexión entre ellos.

Después de estar en el ministerio durante más de treinta años, he visto esta dinámica en muchos matrimonios. Un cónyuge tiene la tendencia a ser más callado, más pasivo y contemplativo, mientras que el otro tiene la tendencia a ser extrovertido, a pensar en voz alta, hablar mucho y, en alguna manera, a dominar la conversación. Cuando el hombre es extrovertido y la mujer es callada, su relación cabe, bellamente, dentro de nuestras expectativas y visión de cómo debería verse un matrimonio. Sin embargo, cuando las personalidades son al revés, con frecuencia, al hombre se le ve como un líder débil dominado por su esposa que es más fuerte, más agresiva. Muchas veces, trataremos de cambiar sus personalidades para que se ajusten al "modelo ideal" en lugar de aceptar las diferentes formas en que Dios les hizo para que interactuaran.

Es posible que usted sea completamente lo opuesto a su cónyuge, pero en realidad es bueno porque es la manera en que Dios los creó. Él los creó a Su imagen, y cuando ustedes se convierten en uno, forman la imagen de Dios. Una mujer de carácter fuerte y un hombre de carácter calmado no están destinados a la destrucción conyugal. El matrimonio de ellos, en realidad, puede ser excelente cuando aprecien y comprendan las fortalezas del uno y del otro, las entreguen a Cristo y se comprometan a crecer en sus áreas de debilidad. No podemos decir sencillamente: "Así es como soy". Necesitamos dejar que Dios obre y cambie algunas áreas de su vida. He conocido a Tom y a Jan durante más de veinticinco años. Nuestra amistad viene de mucho tiempo atrás, y personalmente he visto el éxito en su vida de los principios acerca de los cuales escriben en este libro. Ellos son uno de los mejores matrimonios que yo conozco no solamente porque están perfectamente combinados, sino porque han aprendido a apreciar las fortalezas de cada uno y no han tenido temor de trabajar en sus debilidades.

Mi esperanza es que, al leer este libro, usted le pida al Señor que le muestre cualquier área de su vida que necesite cederle a Él y que luego las rinda a Dios.

—ROBERT MORRIS
PASTOR FUNDADOR Y PRINCIPAL, GATEWAY CHURCH
DALLAS/FORT WORTH, TEXAS
AUTOR DE LOS LIBROS DE MAYOR VENTA: *UNA VIDA DE
BENDICIÓN, DEL SUEÑO AL DESTINO, EL DIOS QUE NUNCA
CONOCÍ Y UNA IGLESIA DE BENDICIÓN*

PREFACIO

ACE ALGÚN TIEMPO, YO (TOM) ESTABA HABLANDO con mi amigo, Jimmy Evans de MarriageToday, acerca de ministrar matrimonios. Jimmy ha sido mi mejor amigo durante más de treinta años, y compartimos la pasión por ayudar a matrimonios. Estuve en la Junta Directiva de MarriageToday desde sus inicios en 1994 y fungí como Director General del Ministerio hasta septiembre 2004.

Jimmy y Karen han ministrado matrimonios desde la perspectiva de un hombre dominante y una mujer pasiva. Han impartido principios para el éxito matrimonial a millones de parejas a través de libros, televisión y seminarios. Jan y yo hemos tenido el privilegio de ayudar y apoyarlos en esa obra. Y lo hemos hecho mientras nos esforzábamos en edificar un matrimonio vibrante propio.

Un día Jimmy me dijo: "Yo sé de un libro que tú y Jan deberían escribir". Yo dije: "¿De verdad? ¿Qué libro es?". Él dijo que deberíamos escribir un libro y lo llamó: *Mujeres dominantes y hombres pasivos.* ¡Él fue capaz de ofendernos, a Jan y a mí, en una sola oración!

En pro del argumento, le pedí que se explicara, y él continuó diciendo que su matrimonio involucra a un hombre dominante y a una mujer pasiva, pero que él calculaba que casi la mitad de los matrimonios están formados por mujeres dominantes y hombres pasivos. Dijo que en todos los años que tenía de conocernos y observado nuestras interacciones matrimoniales, nuestro matrimonio era el reflejo más saludable de este tipo de composición matrimonial.

Él dijo: "Si ustedes compartieran lo que han aprendido, ayudaría a muchas parejas con sus matrimonios".

Esa conversación se convirtió en el catalizador para este libro. Es un honor para nosotros compartir con usted lo que hemos aprendido y aplicado en nuestros más de cuarenta años de matrimonio con la dinámica de una mujer enérgica y un hombre pasivo. Si esta es la misma dinámica que usted enfrenta, esperamos poder darle ánimo y darle herramientas para ayudarle a edificar el matrimonio de sus sueños.

INTRODUCCIÓN

∽ TOM ∽

*L*OS PENSAMIENTOS ROMÁNTICOS DE FELICIDAD conyugal tienen su origen en los cuentos de hadas. Cenicienta, la joven atractiva que fue maltratada por su malvada madrastra hermanastras, encuentra ayuda por medio de su hada madrina. Una calabaza se convierte en una carroza, los ratones se transforman en vasallo y cochero; y Cenicienta captura el corazón del príncipe en el baile. La historia termina diciendo que ellos se casaron y vivieron felices para siempre. Nosotros pensamos: "Si eso puede pasarle a Cenicienta, ¿por qué no a mí?". Necesitamos "el resto de la historia", como solía decir Paul Harvey.

El gozo y la plenitud más grande en el matrimonio llegan como resultado de dos corazones que se convierten en uno. Alcanzar este resultado implica un proceso que permite que dos individuos únicos puedan fundirse juntos. La expresión de los dones de cada persona realza la relación a medida que cada uno valora y apoya al otro sin que uno domine u oprima al otro.

Nuestra propia perspectiva es excepcionalmente única y cuando se mezcla con la de nuestro cónyuge nos da una mayor perspectiva a las circunstancias de la vida, y refleja la relación que Dios diseñó para el matrimonio. Este es el proceso que produce los resultados más completos al fundir nuestras vidas, juntos, en un mismo enfoque, un propósito y un corazón con múltiples reflexiones; al mismo tiempo que produce satisfacción y felicidad para ambas partes en el matrimonio. Este es el diseño perfecto de Dios.

La verdad es: ¡no toda mujer es Cenicienta y no todo hombre es un príncipe azul! Cada persona ha sido excepcionalmente creada, de manera que hay tantas dinámicas de personalidad como lo hay gente en el mundo. Cuando se trata de edificar la relación conyugal, cada relación es única, en el sentido que nosotros no reflejamos uniformemente a la gente representada en la pantalla. Cuando dos diferentes personalidades se unen, crean una combinación excepcional que debe ser considerada para poder hacer crecer la relación. Cada pareja tiene que lidiar con sus diferencias con el objetivo de descubrir lo que significa, en su relación, en llegar a ser uno de manera única, reflejando así la unión que Dios diseñó para que experimentáramos en el matrimonio.

A medida que edificamos unidad con nuestro cónyuge, hay un aspecto de nuestra vida, independientemente de nuestra individualidad, que todas las parejas debemos abordar. Debemos hablar acerca de la forma en que nos comunicamos, tratamos con los conflictos y tomamos decisiones para asegurar que ambas partes sean respetadas y representadas en la relación.

Cuando la mujer tiene confianza en sí misma, tiene talentos y es fuerte, sus acciones y reacciones agresivas podrían dar la impresión de que es dominante, controladora o hasta ofensiva. Cuando un hombre tiene confianza en sí mismo, pero a la vez reflexivo y no conflictivo, su lentitud para involucrarse puede dar la impresión de ser pasivo, débil e indiferente. Si una pareja con estas tendencias quiere edificar un matrimonio profundo y satisfactorio, necesitan abordar el tema de los problemas que podrían suscitarse a través de las diferentes expresiones de su personalidad.

El esposo pasivo tiene tendencia a evitar el conflicto en el esfuerzo de crear paz y armonía a cualquier precio. Su acercamiento hace la comunicación menos directa y más sutil, ya que él cree que la paz y la armonía se pueden alcanzar con menos fricción emocional. Para una esposa extrovertida, este acercamiento es poco claro, evasivo y confuso, dejándola confundida en su siguiente paso. La naturaleza enérgica de la mujer es involucrar a su esposo en asuntos que impactan su vida sin considerar mucho la paz y la armonía. Ella se enfoca en su búsqueda de conexión y en encontrar soluciones a las circunstancias que se enfrentan en la relación. La forma en que ella lo aborda, hace que este proceso sea enfocado y directo y, si fuera necesario polémico, en un esfuerzo de llegar a un resultado inmediato; todo lo cual hace que su pasivo esposo evite un encuentro con ella.

Cada acercamiento tiene éxito por sí mismo, pero cuando se está en una relación matrimonial las soluciones individuales pueden ser conflictivas. Cada persona busca su propio método para la solución y se opone al de la otra, lo cual lleva a frustración, malos entendidos, invalidación y división. Es un malabarismo que requiere conciencia, compromiso y determinación.

En este libro, Jan y yo estamos presentando las experiencias de nuestro matrimonio junto con las observaciones de nuestra consejería pastoral para ayudar a hombres y mujeres que, al igual que nosotros, están tratando con las dinámicas de una esposa enérgica, que tiene confianza en sí misma, fuertemente dotada y obstinada; y un esposo fuertemente dotado, obstinado, con confianza en sí mismo, y aun así, más pasivamente reservado. En cada capítulo, compartimos con usted historias que revelan nuestras perspectivas, experiencias y luchas mientras edificamos nuestro matrimonio durante más de cuarenta años. Compartimos la manera en que hemos lidiado con las dinámicas de una mujer de carácter fuerte y un hombre reflexivo en nuestro recorrido a edificar un matrimonio que es mutuamente gratificante, satisfactorio y representativo de la relación que incluye y representa el plan de Dios para el matrimonio. La tentación con esta dinámica es construir mecanismos de defensa para lidiar con nuestras diferencias en lugar de abordarlas. Créanos, lo entendemos. Pero en lugar de construir mecanismos de defensa que nos permitan "sobrellevar" o ignorar y negar nuestras frustraciones hasta que se vuelvan tan tóxicas que ya no podamos soportarnos el uno al otro, optamos por actuar en fe y diligencia cada día para encarar los asuntos en nuestra vida personal y como pareja que producen barreras en nuestro matrimonio. Nos rehusamos a permitir que la amargura o la falta de perdón lleguen a ser parte de nuestra relación; pues sabemos que el fruto de la amargura y la falta de perdón finalmente destruyen a cada persona y al matrimonio echando a perder el compromiso de amor que las dos personas comparten.

A lo largo de los años de nuestro matrimonio, ha sido nuestro compromiso mutuo y determinado hacer que nuestro matrimonio refleje todo aquello que Dios tenía en mente cuando Él nos unió. El esfuerzo necesario para edificar una relación mutuamente satisfactoria no está revelada en lo que dice el cuento de hadas: "Vivieron felices para siempre". Hemos trabajado duro para desarrollar el respeto, honor y conexión que han contribuido a la relación fructífera y la conexión de la que disfrutamos hoy día.

Se necesita consistencia, diligencia, esfuerzo desinteresado abonado a la gracia y el perdón para lograrlo, pero podemos decirle que vale la pena.

Hemos sido renuentes a conformarnos con menos de lo que creemos que es la mejor intención de Dios en nuestro matrimonio, y deseamos lo mismo para usted. Creemos que lo mejor de Dios refleja una unión que lo incluye a Él en el centro de la unión y a nuestra relación con Él para producir Sus propósitos sobre la tierra. La fuerza de nuestro deseo por ese tipo de matrimonio ha provisto el combustible para nuestro compromiso y nos ha impulsado a encontrar respuestas a las frustraciones que hemos enfrentado a lo largo de los años, y esperamos que usted sea inspirado a luchar por una visión similar en su matrimonio.

Si bien nuestro matrimonio no es perfecto, (todavía estamos creciendo y aprendiendo), estamos comprometidos el uno al otro, nos amamos mutuamente y hemos aprendido a fundir exitosamente nuestras muy diferentes personalidades y perspectivas en un matrimonio feliz y satisfactorio. Aquí compartimos con usted lo que hemos aprendido con la confianza de que Dios le ayudará a aplicarlo a su situación en la forma que usted necesita para fortalecer, animar y conectar su vida en un matrimonio que satisfaga todos sus sueños y deseos.

Capítulo 1

DESCUBRIR AL HOMBRE PASIVO

~ TOM ~

RA MI NOVENO AÑO ESCOLAR Y APENAS empezaba mi adolescencia. Me asignaron un asiento durante la hora de estudio, a la par de una hermosa niña llamada Jan Frazier. Ella estaba llena de vida y era muy divertida. Muchas veces, esa combinación de su personalidad extrovertida y la manera en que se expresaba la metieron en problemas con nuestro maestro de la hora de estudio. Su constante socialización y su actitud valiente hacia su supervisor era más de lo que él podía manejar algunos días. Yo creo que Jan pasó más tiempo sentada contra la pared de lo que pasó a la par mía en un estudio productivo. En casi todas sus reacciones ante la vida, ella era diferente a mí. Para mí, ella era un enigma; tan divertida, vibrante y atractiva; pero también, casi irreverente por su actitud y opiniones. Mi perspectiva de la situación de Jan era que ella necesitaba una mejor manera para relacionarse con la autoridad.

Con el tiempo, nuestra amistad durante la hora de estudio se desarrolló en una relación de noviazgo y después en un compromiso matrimonial. Conforme nuestro matrimonio progresaba, yo tomé la decisión interna de hacer de las peculiaridades de Jan mi proyecto de mejora personal. Yo quería canalizar la vida y energía que ella demostrada en una expresión más "productiva" hacia nuestros amigos, las personas de autoridad en su vida y sus expresiones hacia mí. Sentí que podía ayudarla a moderar la fuerza de sus respuestas y convertirlas en expresiones que fueran más encantadoras y más fáciles de recibir.

La fricción que sentí entre nosotros era la fuerza de la personalidad extrovertida de Jan versus mi diplomacia y tacto. El escenario estaba listo para un encuentro de lucha de perspectivas, con la armonía matrimonial y el propósito como el premio mayor. Pero no tenía idea de que todo eso estaría involucrado en este encuentro de personalidad, perspectiva y poder. Yo pensé que este sería un arreglo rápido y fácil en nuestro camino hacia la felicidad matrimonial; sin embargo, en mi trayecto para arreglar a Jan, descubrí algunas cosas acerca de mí mismo. A veces, era difícil decir si yo estaba luchando con Jean o con las cosas personales en mi propia vida que impactaban nuestra relación. Es más, se sentía como si yo estuviera perdiendo en este encuentro de lucha. Era difícil de creer que la razón por la que estaba perdiendo, y la razón por la que una victoria rápida me había eludido, ¡podría estar más relacionada a mí y a mis problemas que a los de ella!

Me llevó mucho más tiempo de lo que debería, reconocer y admitir que mi estilo amable y diplomático de relacionarme tenía un lado oscuro y poco saludable. Aunque tenía el efecto de hacer sentir bien a la gente y con frecuencia ayudada a apaciguar o a evitar el conflicto, producía engaño y finalmente permitía que se levantaran barreras de desconexión en mi relación con Jan. Allí es donde empieza mi lado de nuestra historia. No fue un proceso fácil para mí descubrir y aceptar el punto débil pasivo-agresivo de mi estilo de relacionarme "diplomático" y complaciente; pero tal descubrimiento y autoevaluación era necesario por la salud de nuestro matrimonio.

EN REALIDAD, ¿QUÉ ES PASIVIDAD?

El término *pasivo-agresivo*, ¿le ofende? A mí, sí. Me resistía a identificarme a mí mismo como pasivo-agresivo, y lo negaba, discutía y me enfrentaba casi al punto de pelear con cualquier intento de los demás para etiquetarme de esa manera. Asociaba la pasividad con términos negativos como: *debilucho, perdedor, nenita* y *bebé de mami,* y yo no quería tener nada qué ver con esas descripciones. Como yo lo veía, ser pasivo significaba: no ser agresivo sino débil y no tener derecho en la vida. Pensaba que las personas pasivas eran aquellas a quienes había que decirles qué hacer y cómo pensar. Tal como Scott Wetzler dice en su libro *Living With the Passive-Agressive Man* [Vivir con el hombre pasivo-agresivo]:

> El término "pasivo-agresivo" fue acuñado por primera vez durante la Segunda Guerra Mundial por el psiquiatra del ejército, coronel William Menninger, quien había sido entrenado para tratar las fuertes reacciones negativas de la vida militar. Menninger reconocía que el ejército está estructurado por uniformidad y cumplimiento, donde la elección individual, la opinión o experiencia no cambia las reglas, donde uno está obligado a suspender la determinación del destino propio. Él vio que mientras [algunos] hombres progresaron bajo esta estructura institucional rigurosa, otros perecían y protestaban... Para lidiar el cambio impuesto y soportar la falta de oportunidad para la elección personal, estos soldados se resistían, ignoraban órdenes, desertaban o simplemente querían huir. Menninger

3

llamó a esta resistencia "pasivo-agresivo" y la describió como "una reacción de la inmadurez".[1]

El comportamiento pasivo-agresivo no es un reflejo de la personalidad como lo es una reacción a las circunstancias por las que una persona está atravesando. Esta tendencia puede ser influenciada por un tipo de personalidad, pero aún más, puede ser desarrollada como un método de reacción ante las circunstancias que hacen que el individuo se sienta abrumado y fuera de control con poca o ninguna opción para determinar el resultado. Si un hombre concluye que su posición es débil, amenazante o sin poder para influenciar o cambiar las circunstancias que lo rodean y reacciona con una resistencia sutil, oculta, entonces su comportamiento es pasivo-agresivo. Esta reacción se desarrolla como un patrón hacia la autoridad dominante y frecuentemente es una reflexión de los indicadores del pensamiento y el temor al fracaso o al rechazo.

La mayoría de las personas que se comportan de manera pasiva dentro de las relaciones tienen mucha dificultad al identificarse a sí mismos como pasivos. A continuación les presento seis indicadores de pasividad para ayudarle a identificar si éste es su estilo de relacionarse:

1. Incapacidad para compartir sus sentimientos de manera abierta y honesta

2. Estilo de pelea o reacción ante el desacuerdo disciplinario vengativo

3. Baja autoestima y personalidad complaciente

4. Evita el conflicto hasta no tener otra alternativa

5. Expectativas ocultas, no comunicadas o condiciones asumidas de las respuestas de los demás

6. Mentalidad de víctima

Cualquiera puede tener uno de estos indicadores y no ser considerado pasivo en la manera en que se relaciona. Sin embargo, si estos indicadores son parte de la reacción regular de un hombre para con su esposa y van acompañados con momentos de explosión emocional o resistencia sutil hacia ella, es casi seguro que su comportamiento refleja fruto pasivoagresivo.

Además, se ha desarrollado confusión en lo que se refiere a la supuesta forma en la que los hombres de verdad deben reaccionar. Tal como lo dice Wetzler:

> Hace treinta años, los hombres afirmaban su machismo por medio de la confrontación. Si un hombre quería algo, y peleaba por ello, a eso se le llamaba agresión y era sancionada por la sociedad. El arte de la diplomacia, el uso del tacto, el papel de mediador que suavizaba las asperezas y calmado el conflicto serio era una forma de pasividad más característica del rol tradicional femenino.[2]

Para los hombres es difícil saber cómo cumplir con sus responsabilidades, dadas por Dios, de forma consistente a su naturaleza. John Eldredge también escribió acerca de este dilema en su libro *Salvaje de corazón*.

El esfuerzo para evitar el conflicto puede llegar a ser tan extremo que es igual de dañino para una relación como lo es el que abuso físico o emocional en busca establecer el dominio de una persona sobre otra; ambos extremos producen un comportamiento disfuncional que debe ser tratado y superado. Todas las formas de comportamiento dañino, si no son tratadas, conducen a la infelicidad, desesperanza y finalmente, a la ruptura de la relación entre dos individuos que una vez estuvieron muy enamorados.

Como lo expliqué antes, la pasividad se relaciona a la manera en que usted responde a las circunstancias de desacuerdo o conflicto. El hombre pasivo busca evitar el conflicto tan rotundamente que negará sus verdaderos sentimientos, enterrándolos profundamente en su espíritu, y acudirá a extremos para disfrazar la naturaleza de sus emociones a través de la negación. El *American Heritage Dictionary* describe *pasivo* como "recibir o estar sujeto a una acción sin responder o iniciar una reacción; aceptar o someterse sin objetar o resistir; sumiso".[3] En otras palabras, el comportamiento pasivo es una respuesta incoherente a las circunstancias de desacuerdo o conflicto.

La pasividad puede afectar todo tipo de amistades y relaciones laborales. Pero cuando hay expresión pasiva en el matrimonio, un cónyuge se queda sin un punto de conexión ya que la persona pasiva no está presente en realidad, entonces la profundidad de la relación queda sin desarrollarse. Además, cuando la expresión del cónyuge pasivo está ligada a una agresión sutil diseñada a resistir a la otra persona, no solamente no hay nada que los una a los dos, sino que la relación también es sistemáticamente debilitada. El comportamiento pasivo-agresivo nunca es más dañino que cuando opera entre marido y mujer.

Raras veces he visto dos personas con la misma fuerza de personalidad unirse en matrimonio. Los hombres pasivos, con frecuencia, se casan con mujeres agresivas. Las mujeres pasivas, muchas veces, se casan con hombres agresivos. A través de la consejería matrimonial y de estar personalmente involucrado en el ministerio de matrimonios por más de veinte años, sé que hay un gran número de matrimonios que involucran hombres que han adoptado un estilo de reacción pasiva-agresiva ante las circunstancias cuando se sienten indefensos, se sienten en riesgo de ser rechazados o temen fallar en cumplir con las expectativas de su esposa. Un matrimonio formado por un hombre con tendencias pasivo-agresivas y una mujer con personalidad fuerte o asertiva tiene que superar la influencia negativa de estas características para poder edificar de manera exitosa la relación conyugal que Dios quiere.

Mi resistencia a ser etiquetado como un hombre pasivo y mi falta de disposición para identificar mis respuestas como pasivo-agresivas eran, en mi mente, respuestas completamente justificadas. Los términos y las imágenes que esas ideas crearon en mi mente, no me describían. Yo soy extrovertido, competitivo y agresivo en procurar las cosas que me propongo. Mi personalidad es expresiva. ¿Cómo podía yo ser catalogado como pasivo? Estaba convencido de que aquellos que me habían etiquetado como pasivo tenían un pensamiento equivocado. Además, yo veía muchos hombres que eran similares en su resistencia, hombres que no aceptarían el consejo pastoral por temor a ser etiquetados, malentendidos o catalogados por tal descripción.

Esta es la realidad que descubrí: negar el diagnóstico no cura la enfermedad. Superar el estilo de relación pasivo-agresivo requiere un vistazo honesto a nosotros mismos y a las influencias que han impactado nuestro desarrollo. Cuando los hombres se relacionan con sus esposas a través de medios pasivo-agresivos, esto nubla su honestidad, oculta sus expectativas y levanta barreras que limitan la profundidad de la intimidad en su relación.

Mi objetivo es ayudarle a ver el comportamiento pasivo-agresivo bajo una luz diferente. Quiero exponer el poder destructivo de este método de respuesta y ayudarle a ver cómo está limitando la intimidad en su matrimonio. Espero ayudarle a aceptar lo que probablemente otros ya han identificado en usted y, luego, guiarle a un entendimiento del pensamiento que se encuentra tras sus reacciones pasivo-agresivas.

Nuevamente, cuando hablo de pasividad, estoy hablando en relación a un patrón de comportamiento y no a un tipo de personalidad. Algunas personalidades, son más calmadas que otras. Aunque es cierto que algunas personalidades se prestan a la pasividad con más facilidad que otras, todo tipo de personalidad puede mostrar una aversión al conflicto o, por varias razones, puede sentirse controlada al punto de concluir que no tienen manera de cambiar o influenciar sus circunstancias; lo cual crea las condiciones para un comportamiento pasivo-agresivo y su influencia dañina en el desarrollo de relaciones.

Para edificar un matrimonio sano se necesitan muchas herramientas relacionadas a la comunicación, al perdón y a la resolución de conflictos. Resolver el conflicto en las relaciones, especialmente del matrimonio, no se trata de ganar o de la sensación de logros. Tampoco se trata de la importancia de buscar agresivamente artículos de interés personal. Resolver conflictos en el matrimonio se trata de proteger una plataforma para una unión más profunda con su esposa.

El incidente del carro

Durante los primeros años de nuestro matrimonio, yo trabajaba como vendedor de una compañía de distribuidora de papel. En mi responsabilidad como vendedor, llamaba a los clientes para ofrecer los productos que mi compañía surtía y vendía. La compañía me daba una cantidad para gastos de vehículo que me permitía comprar y usar mi propio carro para los negocios de la empresa.

Cuando sentí que, finalmente, había llegado el tiempo para cambiar nuestro carro por otro, empecé a buscar un carro que reemplazara el carro viejo, con mucho recorrido, que estaba manejando; y encontré uno. Tuve alguna discusión preliminar con el vendedor acerca del precio, pero le dije que quería que mi esposa viera el carro antes de tomar una decisión. Yo sabía que para una decisión de compra importante como esta necesitaba estar de acuerdo con Jan. Sin embargo, cuando fui a casa y le dije a Jan que había estado buscando un carro para reemplazar el que yo manejaba, ella se sorprendió. Mientras procesaba su sorpresa, parecía que ella se estaba resistiendo a mi deseo de cambiar vehículos. Yo estaba frustrado y desalentado por la descarga de preguntas que me hizo.

Finalmente, la convencí de acompañarme al concesionario para ver el carro. Este sería el carro que yo usaría para visitar a mis clientes. Esta perspectiva me llevó a escoger un carro sencillo sin muchos extras, un "común y corriente" de vendedor. Era un Chevrolet Malibú, blanco, con asientos de tela azul y no tenía nada eléctrico ni elegante. ¡A Jan no le gustó! No había nada, ni siquiera una cosa, que le gustara del carro.

Impávido, pasé a presentar mi perspectiva tratando de convencerla que este era el carro que necesitábamos y el que yo quería. Esperaba que cuando ella llegara conmigo al concesionario, viera el carro y, sencillamente, diera su aprobación. Sin embargo, ella quería participar en el proceso de compra. Esto me dio pánico. Interpreté su participación como una afrenta a mi liderazgo. Sentí que ella quería tener al vendedor a su alcance y exprimirlos para sacar un mejor precio, usando en su contra lo frustrada que estaba conmigo. Me preocupaba que ella quisiera conseguir cada centavo que pudiera y sentía que a ella no le importaba poder ofenderlo con lo que yo consideraba su forma impulsiva de relacionarse.

Yo concluí todo eso sin hablar abiertamente con Jan acerca de ninguno de estos sentimientos o preocupaciones. Me parecía el momento perfecto para ayudarle a aprender una nueva forma demostrándole una manera más gentil, diplomática, y encantadora de hacer negocios. Durante nuestra negociación, (de manera figurada) me interpuse entre Jan y el vendedor. Al llegar a la decisión, yo pensaba que era una decisión de mutuo acuerdo, pero no lo era. El vendedor estaba complacido, yo estaba complacido, pero Jan no estaba complacida. Ella estaba dolida y furiosa.

El problema era que yo no tenía idea alguna de cómo este proceso pudo haberla transgredido y anulado. Yo estaba más interesado en ser diplomático con el vendedor y en salir del concesionario teniéndolo como amigo, de lo que estaba en unirme a mi esposa en una decisión para para beneficio mío y de nuestra familia. Mi diplomacia complaciente había socavado la relación que deseaba tener con mi esposa. No tenía idea del impacto de su efecto.

A propósito, sucedió algo que refleja el humor de Dios, cuando recibimos las placas del carro, la combinación de letras y números era: *UKA-763*. La primera vez que Jan vio la placa del carro dijo, que por su pronunciación inglés, ¡la placa había nombrado el carro como "yuk-a" [guácala]! Apodamos al carro Yuka mientras lo tuvimos. Ese era el recordatorio que Dios me dio de lo feo y bajo de mi manera diplomática de relacionarme y de las barreras dolorosas que las tendencias pasivo-agresivas levantan en el matrimonio.

MANERA EN QUE NOS DESGASTÓ LA PASIVIDAD

Yo estaba completamente convencido que mi evasión del conflicto con Jan era una expresión santa de mi amor y que era lo correcto, y la manera bíblica para mantener la armonía en nuestra relación. Con frecuencia escondí mis verdaderos sentimientos de sus expresiones agresivas e intensas hacia las cosas y las circunstancias porque la expresión intensa de sus sentimientos me hacía sentir incómodo y me convenció que no sería seguro revelar mi perspectiva del problema si era diferente a la de ella. Pensaba que si no estaba de acuerdo, ella daría rienda suelta a toda su intensidad emocional y frustración sobre mí.

Un par de veces, sí exprese mi desacuerdo con la intención de darle a Jan una perspectiva diferente, y funcionó tal y como me lo temía. Por consiguiente, traté de aparentar estar de acuerdo con ella con la intención de calmar sus emociones. Me dije a mí mismo que podía sacrificar mi perspectiva por la de ella. Pensé que era una verdadera expresión de mi amor por ella. Mientras escribo esto, con más de veinte años de sanidad en esta área, veo cuán ciega y distorsionada era mi visión de lo que era el amor bíblico. Sin embargo, en aquel entonces, parecía correcto y noble. Pero permítame ser claro: el amor bíblico es sacrificial, pero no está activado, motivado ni controlado por el temor y, definitivamente, ¡no es deshonesto!

Cuando empecé en el ministerio vocacional, Jean estaba justo a la par mía, como lo está hoy día, apoyando, participando y sirviendo conmigo en todo momento. Ella y yo conversamos regularmente de las cosas que se abordaban en el crecimiento y desarrollo de la iglesia. Con frecuencia, ella expresaba sus opiniones con intensidad y una clara perspectiva que apuntaba a una dirección específica. Algunas veces, yo sentía que ella esperaba una acción inmediata de la perspectiva sobre la que estamos conversando y me sentía presionado a actuar. Esto hizo que la evitara a ella y a la presión que sentía. Era fantástico cuando su perspectiva se alineaba con la mía. Sin embargo, la dificultad llegaba cuando no se alineaba. Repito, al principio, intentaba darle una perspectiva diferente sobre el tema u opinión que le preocupaba. El lado complaciente de mi quería ayudarla a llegar a un punto de acuerdo con lo que se hacía en la iglesia. No me di cuenta que la forma en que yo reaccionaba y respondía a lo que ella me decía era realmente dolorosa y anulaba su perspectiva. Sintiéndose anulada, intentaba ayudarme a comprender su perspectiva y yo volvía a intentar ayudarla a comprender mi más "excelente manera" y ¡empezaba la pelea!

Después de muchas discusiones acaloradas, llegué a la conclusión que era mejor quedarse callado, creyendo que eso evitaría lastimarla o anularla con mis respuestas. Mientras ella daba su perspectiva apasionadamente, yo interactuaba con "ajá, sí" y otras veces asentía con la cabeza como reflejando el estar participando en la conversación. Jan interpretaba el que yo aceptara lo que me decía y la falta de desacuerdo como que yo estaba de acuerdo con ella. En realidad, era mi manera de evitar el conflicto.

En nuestras conversaciones, mi respuesta pasiva a la apasionada perspectiva de Jan, no le daba nada con qué conectase. Ella bien podría estar interactuando con uno de nuestros hijos pequeños, eso habría sido casi tan satisfactorio para ella como nuestra conversación, y tal vez hasta ¡más reconocido! Básicamente, ese ciclo de relacionarse de modo pasivo-agresivo como método para evitar el conflicto levantó barreras de desconexión que, con el tiempo, tuvimos que destruir.

En cuanto a expresar sus opiniones, yo sentía que Jan no

conocía límites. Aunque podía no estar de acuerdo con ella, me guardaba mis pensamientos para mantener la calma entre nosotros. Sí, guardarme mis pensamientos redujo la frecuencia del conflicto, pero no produjo una relación sincera y abierta en nuestro matrimonio. La mantenía en vilo, confundida y luchando por comprenderme mientras yo decía una cosa y hacía otra completamente diferente. Cuando intuía que conocer todos los hechos de una situación podría enojarla, le daba información incompleta acerca de los temas que estábamos discutiendo. Yo no le mentía diciéndole cosas que yo sabía que no eran ciertas; solamente presentaba la información de manera que ella llegara a conclusiones incorrectas y, para evitar conflicto, mostraba un poquito o tal vez ningún desacuerdo. Inevitablemente, los hechos completos de alguna manera eran descubiertos, y Jan me pedía que le explicara la información incompleta que le había dado. En mi explicación, yo trataba de convencerla de que habíamos discutido los hechos, (lo cual era cierto, pero con detalles turbios e incompletos). Sugería que tal vez ella había olvidado todos los detalles. Yo justificaba mi método de relacionarme, (conocer la verdad, pero sin representarla toda para llevarla a una falsa conclusión, lo cual en realidad es mentir y manipular), decidiendo que era mejor para nuestra relación si ella no conocía todos los detalles. Mi forma pasiva de relacionarme tomó una expresión pecaminosa y confundió a mi esposa. Esto es algo de lo cual me arrepiento profundamente y espero ayudarle a evitar.

Muchas veces, para evitar el conflicto dejaba que Jan creyera que nuestras perspectivas sobre algo eran iguales, que nuestros sentimientos eran los mismos. Cuando no lo eran, por lo regular ella ni tenía idea porque yo le había dado información incompleta o me había quedado callado, impidiendo que conociera el verdadero yo. Para evitar el conflicto y crear armonía, yo no actuaba o hablaba desde la convicción de mi corazón a menos que no tuviera otra opción. Nuestra relación era superficial e insatisfactoria, y ninguno de nosotros entendía por qué. Definitivamente, yo no conecté mi comportamiento con los problemas que estábamos enfrentando en nuestro matrimonio.

Falsamente, creí que estaba manejando mis emociones de manera saludable a través de mi comportamiento pasivo, pero nada podía estar más lejos de la verdad. En vista de que no expresaba mis sentimientos, no había forma de que fueran validados. Al igual que una fuga de gas en una de las mangueras del horno, tras bambalinas, mis sentimientos estaban creando condiciones peligrosas, solo esperando por un momento de combustión. Al rellenar mis sentimientos con los problemas, creé un barril de pólvora con emociones destructivas que estaban esperando el evento preciso para encender la mecha y resultar en una explosión entre nosotros. En los momentos menos esperados, estas emociones harían erupción en lo que parecía ser un enojo inusual o una reacción vengativa. En realidad, las condiciones para la explosión se crearon por mi manejo pasivo de las circunstancias.

HABLEMOS DE USTED

En este capítulo, ¿ha identificado características que ve en sí mismo? ¿Es tiempo de que cambien las cosas en su matrimonio?

Para poder desarrollar un estilo relacional sano en su matrimonio, usted debe empezar por aceptar su comportamiento y el impacto de este sobre su cónyuge y sobre su matrimonio. Esto abrirá la puerta para capacitarle a identificar y a tratar con la manera de pensar dañina que puede haber creado una fortaleza en su vida, causando disfunción o trastornando su capacidad para desarrollar la relación que usted quiere y que Dios ha planeado para usted y su esposa.

Venga con nosotros a los siguientes capítulos a medida que profundizamos en nuestra discusión para descubrir las dinámicas del comportamiento pasivo-agresivo. Encontrará sanidad personal y aprenderá cómo relacionarse de manera saludable en su matrimonio para que pueda conocer a su esposa abierta y sinceramente, edificando la relación conyugal que desean.

Cuando Jesús dijo: "Conoceréis la verdad y la verdad os hará libres" (Juan 8:32), Él quiso decir que ¡la verdad lo libertaría!

Capítulo 2

NACIDA LIBRE

∽ JAN ∾

LLÍ ESTABA YO, EN EL CORREDOR, DE ESPALDAS sobre el suelo, viendo al techo. ¿Qué acababa de pasar? Estábamos en la secundaria y Tom me había acompañado a mi clase de Lenguaje; estábamos frente a la puerta, hablando, antes de que sonara el timbre. Yo podía darme cuenta que él no estaba del todo involucrado en nuestra conversación y le pregunté qué era lo que iba a hacer en el siguiente periodo. Él dijo que un grupo de chicos iba a jugar basquetbol en el gimnasio y que iba a ir con ellos. Él continuaba tratando de terminar nuestra conversación y yo podía notar que tenía muchas ansias de irse, así que le dije que se fuera, que no tenía que quedarse hablando conmigo. Él dijo: "¡No, yo quiero hablar contigo!". Pero era obvio que quería estar en otra parte.

De manera que después de intercambiar varias palabras, dije: "Solo vete, tengo que ir al baño". Caminé hacia el baño hecha una furia, dejando a Tom parado frente a la puerta de la clase, sosteniendo su maletín de gimnasia. Él me gritó que me detuviera, pero yo le volteé la cara y me fui pavoneando por el pasillo.

Lo siguiente que supe, era que ¡estaba tirada de espaldas en el piso! Él me había lanzado su maletín de gimnasia como una pelota de boliche, y me dio detrás de las rodillas, doblándome las piernas y haciendo que el maletín me cayera encima.

Él llegó corriendo a donde yo estaba, muy preocupado, y me preguntó: "¿estás bien?". Cuando me di cuenta de lo que había pasado, empecé a reír. Me dio tanta risa que no podía hablar. Él también empezó a reír, pero le dije que no tomara mi risa como indicador de que lo que había dicho estaba bien porque en realidad estaba metido en un gran problema. Seguimos riéndonos mientras él me ayudaba a levantarme y a sacudirme la ropa. Para entonces, el timbre ya había sonado, lo que significaba que los dos íbamos a llegar tarde a clase.

Tuvimos muchas situaciones de este tipo, donde Tom no me decía lo que pensaba, de manera que yo reaccionaba de manera dramática con la intención de hacer que él se abriera y compartiera conmigo sus verdaderos sentimientos. La dinámica de nuestra relación también tuvo su lado divertido, donde disfrutábamos el uno del otro, pero este elemento dañino era un problema que continuaría durante años en nuestro matrimonio. Este elemento reflejaba las fortalezas de pensamientos destructivos que se hallaban bajo la superficie de nuestra relación y que, a pesar de nuestro mutuo amor, provocaba heridas, malos entendidos y la necesidad de sanar.

LOS POLOS OPUESTOS GENERALMENTE SE ATRAEN; Y NOSOTROS NO ÉRAMOS LA EXCEPCIÓN

Tom y yo nos hicimos amigos a principios de la escuela secundaria, cuando nos sentábamos juntos en la hora de estudio. Incluso, en alguna parte de mi baúl de recuerdos en el ático ¡todavía tengo notas que él me envió! De hecho, escribir notas y hablar con mis amigos en el pasillo de la escuela son las razones por las que los maestros y yo no nos llevábamos. Ellos me decían que necesitaba estar quieta y estudiar. Yo estaba en total desacuerdo y pensaba que era el momento perfecto para conversar con mis amigos y ponerme al día. Tom era esa persona que realmente creía que la hora de estudio era un tiempo para estudiar, y con frecuencia yo lo sorprendía con mi actitud hacia el profesor de la hora de estudio. Era mi actitud aunada al deseo de divertirme y no estar aburrida lo que me mantenía en constantes problemas en la hora de estudio. Sin embargo, con el tiempo, me di cuenta que era más divertido estudiar que permanecer sentada en la esquina, viendo a la pared.

Esta dinámica de mi personalidad amante de la diversión y extrovertida, y Tom siguiendo todas las reglas y haciendo lo correcto asentaron el fundamento para los malos entendidos y la disfunción conyugal entre nosotros que duró muchos años. Las cosas que nos atraían mutuamente fueron las mismas que terminaron causando tristeza y dolor en nuestra relación.

Nunca olvidaré la primera vez que Tom me invitó a salir. Estábamos en el penúltimo año de la escuela secundaria y recibíamos juntos la clase de mecanografía. Tom se sentaba enfrente de mí, y un día se dio la vuelta, me vio y dijo: "Oye, ¿quieres salir el viernes en la noche?". Yo dije: "¡Claro!", y luego la maestra dijo: "Tom Lane, date la vuelta y mueve tu escritorio al otro lado del salón". Cuando sonó el timbre, él se fue; no me vio ni me habló. Sencillamente, desapareció. ¡No estaba segura si teníamos una cita o no! Él me buscó después de la escuela, hicimos planes para nuestra primera cita y empezó nuestra relación.

La personalidad tranquila y estable de Tom me atraía y la forma en que él sencillamente se sentaba y escuchaba las conversaciones sin juzgar, mientras yo, por el contrario, siempre tenía algo que opinar. Él era divertido y fácil de tratar. Su habilidad para escucharme y no irrumpir con su opinión era tan nueva para mí. Me sentía segura y aceptada cuando estaba con él. Sentía que podía ser yo misma y que él, en realidad, "me comprendía". Yo era la despreocupada, intrépida, que no temía hacer o decir nada. Él era el que seguía las reglas y se mantenía tranquilo en medio de la crisis.

En mi inmadurez e ingenuidad, pensé que realmente, por dentro, Tom era igual que yo; pero él ponía una buena cara y actuaba como alguien diferente por dentro. Este pensamiento se reforzaba en mí hasta que él actuaba de una manera que no era en la que yo lo habría hecho. Luego, yo sentía la necesidad de tratar de ayudarlo a actuar de manera más sincera, ser más real en lugar de reprimir su verdadera personalidad. Él escuchaba lo que yo decía y asentía con su cabeza mientras yo hablaba; lo cual yo interpretaba como estar de acuerdo conmigo, así que constantemente me sorprendía que sus acciones posteriores no coincidieran con lo que me había dicho. La mayor parte del tiempo quedaba confundida por nuestra comunicación porque él no hacía lo que yo pensaba que había dicho que haría. Aunque confundida, nunca pensé que sus acciones inconsistentes significaban que no estaba de acuerdo conmigo.

Fuimos novios durante todo la secundaria, y después de graduarnos, Tom estaba listo para casarse. Yo no lo estaba todavía, y había una fricción constante entre nosotros debido a eso. Pensé que éramos demasiado jóvenes para tomar esa decisión, pero él estaba listo para tachar el tema de su "lista de cosas por hacer después de la graduación". *Casarme; hecho.* Así que me fui a la universidad durante un año y la pasé muy bien conociendo nuevas personas y visitando nuevos lugares. El primer semestre pasó, Tom me extrañó y cada vez que hablábamos, él trataba de hacerme sentir culpable por estar divirtiéndome y por haberlo dejado. Cuando se dio cuenta que eso no funcionaba, empezó a salir con alguien más; en realidad, yo estaba muy feliz por ya no tener esa presión.

Cuando regresé a casa después del primer año en la universidad, Tom estaba listo para hablar de matrimonio nuevamente. Yo todavía me sentía entusiasmada con la universidad y no estaba lista para comprometerme en matrimonio, de manera que la presión incrementó rápidamente. Decidimos hablar con nuestro pastor acerca de la situación y él nos dio un consejo sabio que consolidó nuestro futuro. Él nos aconsejó a no vernos durante tres meses. ¡Todo el verano! Podíamos saludarnos cuando nos encontráramos, pero no podíamos llamarnos por teléfono, no podíamos salir en grupo y no podíamos conversar. Yo estaba triste aunque aliviada de ya no tener esa presión. Tom estaba devastado. Pero lo hicimos, y después de un verano separados y examinarnos a conciencia, me di cuenta que Tom era la persona con quien quería pasar el resto de mi vida. Encontré un trabajo y nos casamos después del segundo año de Tom en la universidad.

El rol de una mujer...

Lo desafiante de casarse tan joven es que uno no ha tenido suficientes experiencias en la vida que le enseñen acerca de los demás y de cómo tratarlos, especialmente ¡a su cónyuge! Cuando nos preparábamos para casarnos, leímos toda clase de libros acerca del matrimonio porque queríamos tener una relación exitosa. Teníamos muchas esperanzas y estábamos muy emocionados por nuestro futuro. Sentíamos que teníamos una buena relación y una buena comprensión de lo que implicaba el matrimonio y cómo debía ser. Sin embargo, después de haber sido novios durante cuatro años, ¡no podíamos estar menos preparados para el matrimonio! La realidad es que el matrimonio requiere mucho esfuerzo, y las respuestas sencillas que leímos en esos libros, muchas veces, no aplicaban a nuestra situación.

Cuando Tom y yo éramos novios, me sentía en libertad de ser yo misma. No tuvimos conversaciones acerca de los roles y las reglas. Sin embargo, cuando empezamos nuestro matrimonio, comenzamos a buscar reglas que nos ayudaran a asegurar que tendríamos un matrimonio exitoso.

Luego, a medida que nos involucrábamos en el ministerio, empezamos a escuchar enseñanzas acerca del rol de la mujer en el matrimonio y cómo se suponía que fuera; lo cual fue maravilloso, pero la mujer que describían no se parecía a mí. Sentía que las cosas funcionaban bien en nuestro matrimonio, pero lentamente empecé a sentir la presión de que yo necesitaba ser diferente, verme diferente y actuar diferente para poder ser una buena esposa. Yo amaba a Dios y sentía que esto era en realidad lo que Dios estaba diciendo, entonces trataba de hacerlo porque yo quería complacerlo a Él. Amaba a los líderes de nuestra iglesia y a nuestro pastor y nunca pensé que yo era menos que ellos, pero algunas de las enseñanzas que estaba escuchando y las cosas que leía parecían implicar que yo no era tan valiosa como mi esposo. Pensé que se me requería dejar de pensar y razonar para poder honrar a Tom.

Así empezó mi recorrido a convertirme en lo que yo consideraba que debía ser una esposa sumisa. Conforme pasó el tiempo, también empecé a perder la confianza en mi voz, en mi caminar con el Señor, en mi unión con mi esposo y en quien era como mujer. Cuando era necesario tomar decisiones, Tom estaba listo para hacerlo, y no parecía importar lo que yo pensaba o sentía. En ocasiones, yo pensaba: "¿Estoy presente siquiera? ¿Cuál es la diferencia? No tengo voz y mi opinión no se valora".

Por cierto, solo porque Tom tenga problemas con la pasividad, no significa que no pueda tomar decisiones. Cuando me hice a un lado y le puse alfombra roja para que lo hiciera, él era más que capaz de avanzar. El problema es que no es parte de mí extender la alfombra roja para alguien más. ¡Yo quería estar involucrada y tener una voz! Allí fue donde nuestras dos naturalezas crearon conflicto y problemas entre nosotros en nuestro matrimonio.

Ya que estaba tratando de ser una buena esposa, empecé a reprimir mis ideas y sentimientos. Compartía lo que yo sentía y pensaba cada vez menos. Tenía confianza en mi relación con Dios y Su amor por mí, pero estaba perdiendo mi confianza en este nuevo rol. De alguna manera, acepté la idea de que la opinión de Tom era la que había que escuchar y valorar, y que la mía no era importante. Mi rol era apoyarlo a él, administrar la casa, cuidar a los niños y dejar que él fuera la cabeza de todo. Eso no era posible en realidad porque yo estaba en casa todo el día, manejando la situación y tomando decisiones constantemente. Pero yo creía que se suponía que él estuviera a cargo de las decisiones, así que me sentía culpable si tomaba decisiones sin preguntarle primero. Estaba tratando de hacer este tema del matrimonio de la manera "correcta", pero sentía como si estuviera perdiendo mi voz en el proceso.

Recuerdo la primera vez que fue dolorosamente obvio para mí que lo que yo quería no era importante. Tom y yo habíamos recibido un carro Sport Rally Nova como regalo de bodas de parte de mis padres. ¡Tenía el equipo completo y era hermoso! Me encantaba ese carro, y tenía un valor sentimental para mí. Yo asumí, simplemente, que a Tom también le encantaba nuestro carro; pero después de cinco años de casados, Tom vino a casa después del trabajo, y me dijo que quería cambiarlo. Me sorprendió porque yo no sabía siquiera que él estaba pensando en eso, pero él dijo que necesitaba algo diferente para el trabajo. Él había estado viendo carros y había encontrado uno que le gustaba. Quería que yo fuera con él a verlo. Dejé a un lado el tema por un par de días, pero Tom seguía presionando con ello. Finalmente, fui con él al concesionario. Yo asumía que él estaba viendo un carro verdaderamente bueno para reemplazar nuestro Nova. Pero luego me enseñó el carro que estaba considerando y quedé completamente abrumada. Era un Malibú blanco, común, de cuatro puertas con asientos de tela azul, tan simples como los venden. Señalé que los vidrios de atrás ni siquiera podían bajarse y que era aburrido, pero nada de lo que dije importó. ¡Era como si yo no estuviera allí! Tom había decidido que teníamos que tener este carro, así que entramos a negociar el trato y salimos con carro nuevo.

Decir que yo estaba furiosa sería un eufemismo. Yo me sentía devastada. Llegamos al concesionario en un carro que me encantaba y regresamos a casa con un carro que odiaba. Lloré tanto por ese estúpido carro. Toda esta experiencia me definía en lo que sentí que se estaba volviendo mi matrimonio: un lugar donde mis opiniones no importaban, entonces ¿para qué darlas? Como persona obstinada que soy, esto era muy doloroso.

Permítame detenerme aquí y decir que, para algunas mujeres, tener un matrimonio donde el hombre es dominante y toma decisiones es algo cómodo. A ellas les encanta sentirse cuidadas y protegidas y no tienen el ardiente deseo de presentar sus ideas. Se sienten seguras y estables y florecen en ese ambiente. Es muy satisfactorio para ellas. Pero para otras mujeres, como yo, este tipo de acuerdo no es reconfortante. ¡Es agobiante! Yo quiero participar en la solución de los problemas en nuestra vida. Quiero ser de ayuda. Necesito colaborar y ser escuchada. Pero aunque no parecía lo correcto o que así fuera en ese entonces, yo creo que ambos caímos en esos roles de cómo debía ser el matrimonio bíblico.

Con el tiempo, empezará a cojear

Estar en un matrimonio que no encaja, es como usar zapatos que no le quedan bien; pueden verse bonitos pero al final del día, sus pies duelen y usted empieza a cojear. A diferencia de un zapato que sencillamente puede tirar, un matrimonio no es desechable. Conforme nuestro matrimonio fue avanzando y fuimos expuestos a más enseñanzas acerca de los roles que debíamos tener en el matrimonio, fue como si estuviéramos usando zapatos que no nos quedaban bien. Estábamos intentando caber en moldes de algo que no éramos. Al ver hacia atrás ahora, me doy cuenta que uno puede usar zapatos que no quedan bien solamente por un tiempo. En algún momento tiene que quitárselos y admitir: "Sencillamente, esto no funciona".

Para nosotros, eso pasó un año al final del verano. Recuerdo que tenía 28 años y que nuestro tercer hijo tenía solamente unos meses de edad. Tom y yo nos habíamos preparado para dormir y las cosas habían llegado a su punto crítico. Habíamos apagado las luces y estábamos acostados cuando Tom puso sus brazos atrás de su cabeza, dio un largo suspiro y dijo: "creo que nunca he estado más feliz en nuestro matrimonio que en este momento".

Traté de responder, pero no pude pronunciar palabra alguna. Empecé a temblar. Empecé a llorar y seguí llorando. Finalmente pude decir: "No puedo creer que hayas dicho eso.

24

Estaba acostada aquí, pensando que nunca había sido tan miserable en toda mi vida".

Tom estaba sorprendido porque él creía que nuestro matrimonio era perfecto. Yo estaba muy sorprendida de que él pudiera ser tan despistado. Empezamos a hablar de nuestras diferentes ideas de los roles del hombre y de la mujer en el matrimonio. Esta situación hizo que empezáramos a hacer un inventario de nuestra relación y ver dónde nos habíamos desviado.

Al ver hacia atrás, estoy sorprendida de cómo las enseñanzas acerca de la sumisión durante los primeros días de mi matrimonio pudieron haber causado tal caos y confusión en relación a mi rol e identidad. Era como si me hubieran entregado una lista de que sí y que no hacer y me hubieran dicho que ciertos comportamientos eran más aceptables que otros, de manera que necesitaba mejorar y alinearme. Al principio lo intenté, pero lentamente me fui apagando, dejando de ser la Jan entusiasta que había sido y convirtiéndome en la mujer callada que no tenía voz. Sencillamente, no estaba funcionando. Esta no era yo y no tenía idea de cómo combinar lo que estaba aprendiendo con quien yo era.

Mientras intentaba descubrir por qué era tan infeliz, empecé a darme cuenta que no me sentía valorada o que se me hubiera dado el poder para ser lo mejor que podía ser. Soy una persona expresiva, apasionada y obstinada. Me gusta interactuar e intercambiar ideas. Me gusta intentar nuevas cosas y escuchar muchas perspectivas diferentes sobre las ideas. Detesto estar involucrada en algo que carezca de propósito o liderazgo. De hecho, si no hay liderazgo, estoy pronta para asumir y guiar ¡aun cuando no sepa hacia dónde vamos! Me gusta que al hablar me den el resumen y, luego, poder hacer preguntas para después entender, en lugar de tener los detalles primero y luego el resumen. Posiblemente llegue a una conclusión antes de escuchar todos los hechos y tienda a pensar que tengo razón acerca de lo que estoy diciendo, o si no ¿por qué lo estaría diciendo? Yo comparto mis opiniones con libertad independientemente de si me las pidieron o no.

Esta dinámica puede meterle en problemas si no tiene idea, como yo, del efecto que tiene sobre la otra persona.

Tom y yo estábamos muy comprometidos con nuestro matrimonio y queríamos hacer lo correcto; solamente necesitábamos encontrar qué era lo correcto para nosotros. Sin siquiera darnos cuenta, estábamos tratando de encontrar una fórmula para nuestro matrimonio a expensas del desarrollo de nuestra relación. No existe una guía de "talla única" para tener el matrimonio perfecto. Cada matrimonio está formado por dos personas con diferentes personalidades, trasfondos, fortalezas y debilidades; por lo tanto, cada matrimonio es diferente. Descubrimos que el matrimonio no funciona según una fórmula; es una relación entre dos personas muy excepcionales.

Como tal, no podemos comparar la forma en que nosotros vivimos nuestra relación conyugal con la manera en que alguien más lo hace. Esto solamente conduce a la frustración y a la decepción y hasta a prejuicios. Dios quiere que tengamos unidad y paz en nuestro matrimonio. Esto sucede cuando nos aceptamos mutuamente, con todo y las diferencias, mientras encontramos nuestra propia identidad en Cristo.

HABLEMOS DE USTED

¿Alguna vez ha pensado que usted era un cubo tratando de encajar en un círculo? Sencillamente, no es algo que funcione. A quienes les han dicho que no encajan o que no son suficientes, permítanme decirles algo: usted es, sencillamente, quien

Dios le hizo. No es un error o un accidente. Quiero ayudarle a descubrir cómo puede vivir en buena relación con su cónyuge, quien, probablemente, es completamente lo opuesto a usted. Aprendamos cómo puede tener un matrimonio lleno de unidad, paz, fortaleza y compañía mientras llega a ser la persona que Dios quiere que sea.

Tom y yo siempre dijimos que teníamos un buen matrimonio, y así era. Pero hemos aprendido que el matrimonio es un recorrido y no un destino. Si alguna vez ha estado en un largo viaje por carretera, sepa que hay interrupciones. Los descansos para ir al baño, desvíos, problemas con el carro y argumentos, todos son parte del recorrido. Estábamos experimentando que un matrimonio puede ser conflictivo y puede no siempre verse como debería y eso es porque nunca está terminado; *nosotros* no estábamos terminados. Aún estamos en el recorrido, todavía aprendiendo cosas el uno del otro, acerca de la comunicación y acerca de lo que funciona y lo que no en nuestros matrimonio. Lo mismo sucede para usted y su cónyuge.

Estoy tan agradecida de que Tom y yo no nos hayamos dado por vencidos en nuestro matrimonio y que no nos hayamos quedado en un lugar de dolor y disfunción. Trabajamos juntos e individualmente para tomar responsabilidad por nuestro comportamiento y nos juntamos en unidad para edificar una relación conyugal sana y satisfactoria, y usted también puede hacerlo. Continuemos hacia adelante para ayudarle a edificar la relación conyugal que refleje la obra excepcional de Dios en usted.

Capítulo 3

EL LADRÓN QUE DESTRUYE

ᘇᘖ Tom ᘖᘇ

CUANDO ENTRÉ A LA CASA, REGRESANDO DEL trabajo esa noche, Jan estaba preparando la cena. Nuestros ojos hicieron un rápido contacto cuando le di un beso y dije: "¡Hola, amor!" y ella respondió: "Hola", mientras yo iba hacia el dormitorio a cambiarme de ropa. Cuando iba saliendo de la cocina, un pensamiento pasó por mi mente: "Ella parece estar enojada conmigo. ¿Por qué está enojada conmigo? ¿Qué hice?". Este diálogo interno en mi cabeza continuó: "No la llamé, eso es. Sé que le gusta que la llame durante el día. Pero tuve un día ocupado. Ella necesita saber que algunos días sencillamente, no puedo llamarla. ¡Ella tiene que ser más tolerante!".

Este patrón de tener conversaciones internas se había arraigado en mi pensamiento y siempre se disparaba cuando presentía conflicto inminente o posible rechazo. Este diálogo interno en particular me llevó por el lado de una interpretación negativa de las acciones de Jan y una posible reacción hacia mí en nuestro intercambio. Había llegado a ser una respuesta tan enraizada que yo me iba por ese lado sin involucrarla en ninguna parte de la conversación. Sucedía completamente en mi interior.

Este patrón de conversaciones internas fue lo que se convirtió en el detonante de mis respuestas pasivo-agresivas hacia Jan. Estos diálogos internos funcionaban como sirenas internas que me llamaban a estaciones de batalla. Movían mis instintos a circular los vagones emocionales y a prepararme para un choque conflictivo. En respuesta a todo lo que estaba sucediendo en mi mente, me armaba con torpedos de respuestas pasivo-agresivas, tales como: silencio amargo, retracción o terca resistencia, y me preparaba para disparar esos torpedos bajo la superficie de nuestra relación para defenderme contra la amenaza del rechazo que estaba percibiendo o la confrontación que parecía estarse desarrollando en nuestra relación.

Tal como discutimos en el capítulo uno, el comportamiento pasivo-agresivo se demuestra, generalmente, en situaciones donde sentimos una amenaza directa a nuestro bienestar físico o emocional. Se convierte en una respuesta a las circunstancias que, según nosotros determinamos, estaban fuera de nuestra capacidad de influenciar o control. Se refiere a las tácticas ocultas, evasivas, diseñadas para ayudarnos a evitar o responder a circunstancias de conflicto o rechazo, utilizadas dentro de una relación.

Sin embargo, en la realidad, estas respuestas nos llevan a patrones de comunicación y comportamiento deshonestos en la forma en que nos relacionamos con los demás. Los patrones están diseñados para apaciguar en la superficie; pero, al final, para proteger las emociones internas y la posición de la persona que las ejecuta debido a una colisión esperada. El comportamiento pasivo-agresivo en el matrimonio crea una pared invisible entre un hombre y su esposa que evita el desarrollo de una relación verdadera, abierta y sincera entre ellos.

Cuando el patrón de respuesta pasivo-agresivo se incrusta en una relación, se vuelve natural al punto de ser una reacción instintiva en una o ambas partes. En mi relación con Jan, surgía en una variedad de circunstancias (por supuesto, sin anunciarse como pasivo-agresiva), incrustándose en las conversaciones internas que describí antes. Con las sirenas internas llamándome a las estaciones de batalla y los torpedos de respuesta cargados, esperaba por el momento correcto para disparar. Mis "reglas de combate" no me permitían disparar a menos que me hubieran disparado antes, pero estaba cargado y listo si—cuando—sentía que eso sucedía.

UNA ACLARACIÓN ACERCA DE LAS ETIQUETAS

Permítame hacer una pausa aquí y decir que detesto ponerle etiquetas a la gente, y especialmente, detesto ser etiquetado. He pasado la mayor parte de mi vida adulta tratando de evitar llevar una etiqueta que alguien haya puesto sobre mí. Usted podría tener sentimientos similares. Si es así, yo entendería su titubeo para siquiera empezar a investigar su método de interacción en sus relaciones, especialmente en su matrimonio.

De manera que, permítame ofrecer esta perspectiva primero. Cuando Dios le creó en el vientre no se utilizaron moldes prediseñados, y ni Jan ni yo queremos presentar respuestas preconcebidas a los patrones de interacción de relaciones en el matrimonio. Dios ha creado a cada persona y cada matrimonio único. Aunque todo hombre tiene características físicas similares a las de otros hombres, nuestras características similares no nos alejan de la excepcionalidad de cada uno. Somos hombres y somos únicos, cada uno de nosotros, en nuestra constitución personal y expresiones en la vida. Esto es igualmente cierto en lo que se refiere a nuestras interacciones relacionales.

No quiero usar una etiqueta para privarle de la excepcionalidad individual de quien usted es y la manera en que Dios lo creó. Jan y yo reconocemos su excepcionalidad aun mientras identificamos características y patrones de relación a partir de nuestra propia experiencia. Las presentamos como herramientas para que usted las utilice en su relación a medida que establecen y profundizan la conexión en su matrimonio. En realidad, he llegado a comprender que la razón por la que etiquetamos los tipos de comportamiento y definimos las características asociadas con los diferentes tipos de comportamiento no es para que las etiquetas puedan ser utilizadas en nuestra contra o contra nuestras esposas. Al contrario, las etiquetas nos ayudan a comprendernos a nosotros mismos y, por esa comprensión, a edificar matrimonios saludables y satisfactorios.

CRÉAME, YO LO ENTIENDO PERFECTAMENTE

En lo que a mí respecta, llegué a estar consciente de la fuerza de mi resistencia a las etiquetas y los estereotipos varios años atrás cuando estaba leyendo acerca del tema de la codependencia. No buscaba obtener un entendimiento mayor del tema por el simple propósito de una autoevaluación (¡todavía me resistía a todo eso!) sino más bien, para ayudar a otras parejas que estaban teniendo problemas en su matrimonio.

Durante el estudio del comportamiento codependiente, me encontré con un libro escrito por Pat Springle, titulado: *Codependencia*[1] y empecé a leer un capítulo cada noche, antes de acostarme. A medida que leía, me involucraba mentalmente en un debate agitado con el autor en una resistencia creciente a lo que estaba diciendo en el libro. Mientras él presentaba una discusión detallada del tema de la codependencia, me hallaba respondiendo de manera defensiva como si su libro fuera una carta escrita para atacarme. Cada noche mientras leía, febrilmente subrayaba frases y anotaba en el margen de las páginas. En lugar de adquirir conocimiento relacionado al tema de la codependencia, me puse más y más inquieto.

Jan notó, con cierto grado de curiosidad y preocupación, mis reacciones negativas cada vez más crecientes. Una noche, mientras observaba mi enojo e incomodidad y escuchaba mi enojado diálogo con el autor, (quien, obviamente, no estaba presente) me dijo: "Si te molesta tanto leer ese libro, ¿por qué no dejas de leerlo?". A lo que respondí: "Creo que lo haré. Este autor me enoja tanto, si alguna vez lo veo cara a cara, ¡le daré un golpe justo en la nariz!". Para Jan era obvio, pero no tan claro para mí, que Pat Springle había tocado una fibra sensible en mi vida.

La fuerza de mi reacción se basaba en lo que percibía como la actitud condescendiente del autor hacia los problemas personales de la gente. Yo pensaba que sus descripciones creaban etiquetas y estereotipos que devaluaban la excepcionalidad individual de la vida de cada persona. Mi reacción no tenía nada qué ver con el hecho de que sus escritos sobre el tema lanzaban una larga sombra sobre mi comportamiento personal (o eso era lo que yo pensaba). Era su actitud, sencillamente, estaba mal. Parecía grosero, insensible y arrogante en su presentación del comportamiento de las personas y alguien tenía que terminar con esta injusticia por completo en beneficio de toda la humanidad, o por lo menos, ¡la parte de la humanidad que él estaba estereotipando con sus etiquetas! Le dije a Jan que me encantaría tener la oportunidad de ventilar mi frustración y ajustar la injusticia que Pat Springle había creado, sino para toda la humanidad, entonces, por lo menos, a nombre de todo aquel que hubiera sido impactado por su libro y estuviera tan ofendido como yo.

Jan, por otro lado, no tuvo la misma reacción que yo ante las etiquetas y los estereotipos. Para ella, conocer las características de los diferentes tipos de personalidad podría ser una herramienta útil para ayudarle a comprenderse a sí misma y a los demás. Ella vio la descripción de codependencia como una descripción general de los rasgos de comportamiento, no como un ataque personal. Ella lo encontró útil para comprender, edificar y fortalecer las relaciones. Estaba verdaderamente perpleja por mi reacción furiosa.

He llegado a estar de acuerdo con Jan en lo que se refiere a la utilidad de las etiquetas. Sin embargo, en aquel entonces, mi respuesta a su explicación del beneficio de las etiquetas fue: "qué me importa". Yo no entendía, no podía identificarme con su interés y afinidad hacia tales cosas. Yo pensaba que ella estaba equivocada con su evaluación de las etiquetas y de las personas que promovían su uso. ¿En qué manera podían las etiquetas ser herramientas útiles para el beneficio de algo? Estaba convencido que con el tiempo y la información apropiada, ella cambiaría de modo de pensar.

Ahora me doy cuenta que ella no estaba equivocada, y que yo tampoco estaba en lo correcto. Ambos teníamos perspectivas legítimas. Las etiquetas y los estereotipos pueden ser utilizados de manera equivocada para herir y limitar a los demás, o pueden ser usados como herramientas muy útiles para comprenderse mejor a sí mismo y a los demás. Su impacto depende del motivo de la persona que los usa.

Yo permití que el temor al abuso de la etiqueta justificara mi resistencia, lo cual nubló mi capacidad para reconocer mis propios patrones destructivos de comportamiento y su impacto en mi relación con Jan. Fue mi resistencia, y la ceguera resultante, lo que me impidió poder reconocer mi estilo pasivo-agresivo de relacionarme. Mi creencia de que yo era un individuo único con situaciones únicas no permitió que obtuviera beneficio alguno de las descripciones relacionadas a mi comportamiento. No quería que me fuera puesta ninguna etiqueta. Aseguraba que yo no encajaba en ningún estereotipo.

¿Es así como se siente usted? Permítame asegurarle que comprendo su preocupación y que deseo que mi identificación de las características asociadas con reacciones pasivo-agresivas sea utilizada como una herramienta para beneficiar su relación, más que como un arma para defender su comportamiento o para señalar y criticar las maneras en que usted se diferencia de su esposa.

He tratado de ilustrar con algunos de los relatos de nuestra relación la manera en que el comportamiento pasivo-agresivo refleja una reacción dañina ante el conflicto ya que alberga y cataloga un patrón de comunicación deshonesto. En mi vida, este tenía sus raíces en un sistema de pensamiento que evitaba la confrontación directa (lo cual es la parte pasiva), pero buscaba ganar el control de las circunstancias a través de reacciones manipuladoras sutiles (lo cual es la parte agresiva). Si usted ha pensado alguna vez acerca de "enseñarle a su esposa un par de cosas" o "hacer que le cueste" por algo que nunca ha discutido directamente con ella, usted ha entrado al tortuoso y engañoso mundo de las reacciones pasivo-agresivas en su relación.

No hay un comportamiento específico que pueda describirse como pasivo-agresivo. Meditar antes de responder a una circunstancia no es ser pasivo-agresivo, la Biblia lo llama sabiduría (Santiago 1:19). Si pone límites en su relación como reacción a un comportamiento dañino o reacción por parte de su cónyuge, eso tampoco es un comportamiento pasivo-agresivo.

Como dije anteriormente, las reacciones pasivo-agresivas son consecuencia de pensamientos no saludables que influencian nuestro comportamiento y se manifiestan en una variedad de formas en nuestras interacciones.

A QUÉ SE PARECE

Las reacciones pasivo-agresivas están conectadas con las expectativas no comunicadas en la relación. Este es un ejemplo de cómo surgió en nuestro matrimonio. Yo regresaba a casa y ayudaba a Jan con los niños o le ayudaba con los quehaceres del hogar. Digamos que quitaba los platos de la mesa después de cenar y los ponía en la lavadora, diciéndole a Jan que fuera a sentarse a la sala de estar y que se relajara, insistiendo que se alejara de mí y de los niños para disfrutar de un tiempo a solas viendo televisión o leyendo un libro. Esto saldría como un deseo sincero de mi parte para ayudar a mi esposa y bendecirla con un pequeño descanso; no hay nada de malo con servir y ministrar a su esposa. Pero en mi caso, esto también llevaba una expectativa sutil, no comunicada, de que Jan haría algo bueno por mí en agradecimiento. Ninguna acción específica fue asociada con la expectativa, y yo tampoco tenía un tiempo en mente para que ella me correspondiera. Era sencillamente una expectativa de que recibiría por parte de ella una acción recíproca para atenderme a mí de alguna manera.

Mi expectativa era sutil y no comunicada, pero llevaba consigo el pensamiento de que el momento de mi recompensa estaba por llegar. Esta expectativa traía consigo un registro oculto en mi mente, donde yo mantenía cuentas de las cosas buenas que había hecho. Las apuntaba como algo que se me debía, como una deuda que Jan me pagaría en algún momento. Esto era tan sutil que yo no lo veía. Jan tampoco se daba cuenta, ya que no se lo había comunicado abiertamente, pero sentía la presión. De hecho, a veces, ella me miraba y decía: "siento como si tú quisieras que hiciera algo por ti". Yo lo negaba sorprendido y ofendido, pero bajo la superficie, mi diálogo interior estaba llevando cuentas.

Lo que es más, mientras más tiempo pasaba sin que el acto de servicio fuera correspondido, mi diálogo interno tomaría más el papel de cobrador y me recordaba que la recompensa esperada por mis actos de servicio no había sido pagada. Me recordaba que mi reciprocidad estaba vencida. Mi conversación interior me convencería de que si mi acto de servicio a Jan iba a ser correspondido con un acto de bondad de su parte, iba a tener que hacer que sucediera o recordarle a ella que me lo debía.

Estaba más que consciente de las cosas buenas que había hecho por Jan y las monitoreaba como un gerente de crédito observa las cuentas de sus clientes. En diferentes momentos pensaba para mí mismo: "Este sería un buen momento para que Jan me correspondiera con un acto de servicio", era como un retorno sobre mi inversión. Hasta podría ayudarla con una pista sutil, nada directo y nada abierto o completamente sincero. Si ella no entendía la pista, eso hería mis sentimientos, mientras me llevaba a concluir que su falta de respuesta era una decisión voluntaria de rechazo dirigida a mí. Cuando interpretaba su falta de acción de esta manera, mi reacción me llevaba a más comportamiento pasivo-agresivo como represalia defensiva. Esta conclusión no comunicada de mi parte era alimentada por el diálogo interno de cobrador que sucedía en mi cabeza y que aumentaba de volumen y urgencia con cada acto no recompensado. Mis sentimientos de rechazo se disparaban armando mis torpedos pasivo-agresivos. Concluía que el comportamiento de Jan era, obviamente, un acto de guerra que requería una respuesta, y preparaba mi ataque.

Todo esto sucedía sin que Jan lo supiera, ya que no le comunicaba abiertamente mis pensamientos y expectativas. A pesar de que no había comunicado mis expectativas o deseos, concluía que ella no me amaba tanto como yo a ella. En mi dolor y rechazo, me retraía a mi diálogo interno y me dedicaba a pensar sobre su falta de acción. Mi ira crecía. Por mi frustración, relacionada a ese deseo o expectativa oculta, nunca discutida, yo disparaba los torpedos de reacciones pasivo-agresivas (usualmente malhumor, retracción y terca resistencia), usándolas para obtener la atención de Jan y, finalmente, creando una confrontación entre nosotros.

Raras veces obtenía la respuesta que quería. Mi acto de guerra era una provocación que, generalmente, hacía que la confrontación se convirtiera en una pelea instantánea. Jan peleaba conmigo en la superficie, mientras yo peleaba con ella con tácticas estilo guerrillero. Ella quería un diálogo sincero, abierto, y confrontaba agresivamente las cosas que sentía que no eran correctas; nada de torpedos bajo la superficie de su parte y no golpes solapados por debajo del cinturón emocional. Esa era mi reacción a nuestro conflicto.

Jan respondía a mis torpedos confrontando la retracción y el rechazo que sentía de mi parte. Ella era directa, sincera y abierta en su comunicación, mientras que yo era sutil y me comunicaba por debajo de la superficie en un código de relaciones estilo Morse. Mi comunicación estaba encriptada y tenía que descubrir el código si realmente estaba interesada en lo que me estaba pasando, si realmente quería saber qué era lo que yo pensaba o cómo me sentía.

Mi reacción pasivo-agresiva era la venganza, un ataque vengativo, para enseñarle una lección, elevar su percepción y aumentar su sensibilidad. Cuando disparaba mis torpedos, generalmente no sucedía como una respuesta inmediata a un evento en particular sino, más bien, como una reacción contra la frustración acumulada que se había juntado en mi mente de una serie de acciones no comunicadas y no correspondidas que habían creado expectativas. Yo esperaba reciprocidad del total acumulado de mis actos de amabilidad y servicio.

Podía ser muy benevolente y comprensivo con mis respuestas si notaba un esfuerzo de buena fe de parte de Jan para responderme en la manera correcta. Pero cuando yo concluía que su comportamiento era ignorarme y despreciaba mis respuestas sacrificiales en favor de ella, mi diálogo interno me requería actuar como Dog, el cazarrecompensas persiguiendo a alguien que no había pagado su fianza. Me convertía en malo y castigaba en mi estilo sutil mientras buscaba forzar una respuesta de Jan. La atrapaba en el momento más inesperado, horas o días después de la situación sobre la que había estado meditando, y lanzaba mi ataque.

Este método de abordar mis frustraciones la confundía, la lastimaba y la alejaba de mí en lugar de acercarla. Ella llegaba a estar dolorosamente consciente de que yo estaba enojado, pero ella no sabía o entendía por qué; y cuando me preguntaba por qué estaba enojado, le daba una razón falsa o lo negaba por completo. Sentía que si ella tenía que preguntar por qué estaba yo enojado, ella no estaba lista para una respuesta.

Debido a mi falta de sinceridad, Jan nunca comprendió realmente que mi enojo era consecuencia del rechazo que sentía, y yo tampoco. Este rechazo no era algo intencionado, fue el resultado de mi diálogo interno sobre algo que de lo que ella ni siquiera se daba cuenta que había sucedido. Este patrón de relación se repetía a sí mismo, como las estaciones durante el año calendario, a través de las circunstancias que surgían en nuestra vida familiar de vez en cuando, hasta que con la ayuda de Dios, identificamos el patrón y dimos los pasos para detenerlo.

Cómo me liberé

Mientras escribo esto, me siento obligado a decirle cuán destructivas y dañinas eran mis reacciones pasivo-agresivas para nuestra relación. Estoy sorprendido de que yo me consideraba emocionalmente sano y "con el derecho" de responder de esa manera. Estoy tan agradecido de que Dios haya intervenido y que, a través del compromiso de Jan para con Dios y su amor y compromiso para conmigo, ella se mantuvo conmigo lo suficiente para verme llegar a la consciencia de mis reacciones dañinas y se esforzó conmigo para librarme de esa forma de pensar. Estoy agradecido de que ahora disfrutemos una relación basada en comunicación abierta, sincera. Ahora reconozco y aprecio las expresiones sacrificiales de amor que ella siempre me ha demostrado, pero que mi diálogo interno y mis torpedos de comportamiento pasivo-agresivo me impidieron ver y recibir.

En realidad, el rompimiento empezó con mi resistencia a los conceptos en el libro de Pat Springle. Mientras luchaba para recibir de él los conceptos detallados en su libro, encontré otro libro en el tema de la codependencia por Margaret Rinck. Empecé a leer su libro titulado *Can Christians Love Too Much?*[2] [¿Pueden los cristianos amar demasiado?]. La Dra. Rinck presenta conceptos similares en su libro pero en una manera que para mí era más fácil de procesar. Mientras obtenía un entendimiento de los problemas, empecé a darme cuenta de lo que estaba haciendo para socavar nuestra relación. Con la ayuda de Jan, trabajamos juntos para identificar el patrón de pensamiento dañino que formaba esta atadura de reacción en mi vida.

El rompimiento llegó al igual que lo hace el sol cuando irrumpe la cobertura de las nubes en un día nublado. Cuando el sol brilla, repentinamente, uno puede ver las cosas con más claridad. El sol irrumpió en aquel día que yo entré a la casa y saludé a Jan mientras estaba en la cocina, haciendo la cena, la historia que dio inicio a este capítulo, y como lo hizo, proveyó claridad y entendimiento acerca de mis reacciones pasivo-agresivas. Ese punto de convergencia sucedió mientras viraba por el pasillo hacia la habitación camino a cambiarme de ropa. Estaba en la esquina de un camino conocido de interpretación negativa en mi diálogo interno. Era un camino que, para este momento, yo conocía bien. Además, sabía que era un camino que llevaba a las reacciones pasivo-agresivas y a más barreras en nuestra relación, barreras que nos estábamos esforzando duro para desmantelar. Escuché el dolor y el rechazo en mi diálogo interno atrayéndome hacia ese camino. Reconocí las señales y me recordé que no quería pasar por ese camino. Yo conocía los resultados destructivos.

Mientras estaba en la esquina hacia ese camino en mi mente, decidiendo si continuaba por ese sendero o no, Jan vino a la habitación donde me estaba cambiando y preguntó con una voz jovial: "Entonces, ¿qué tal tu día?". Yo estaba en el momento decisivo y su voz era la voz de la salud y la sanidad llamándome a una relación y relación más profunda con ella, y me animó a hacer la elección correcta.

Sin embargo, una decisión de no ir por ese camino no era suficiente. La decisión debía ser seguida por la acción para que la sanidad tuviera efecto y se bajara la barrera. Todas mis emociones estaban gritándome que tomara la posición defensiva. Me había atrapado entre estas dos voces en debate interno mientras evaluaba su respuesta y contemplaba mi reacción.

Mi voz interior me hacía señas para interpretar su pregunta a través de mis propios filtros conocidos de comportamiento pasivo-agresivo e interpretación negativa. Muchas veces había yo soltado un torpedo pasivo-agresivo en nuestra relación mientras le negaba de frente el ataque que estaba soltando. Ahora, mis pensamientos internos me decían que no confiara en ella, que creyera que ella me estaba haciendo lo mismo. La acusaba de ocultar su eminente ataque con una voz animante que pronto se volvería en un ataque sobre mí.

Para detener el diálogo interno, tuve que ser firme y reconocer el proceso enfermizo buscando reinsertarse en mi pensamiento y controlar mis acciones. Tenía que tomar la decisión de escuchar a ese diálogo conocido. Tuve que ignorar las sirenas de defensa pasivo-agresiva encendidas en mi cabeza y responder de manera diferente.

Entonces, esto es lo que hice.

Vi a Jan y pregunté: "¿Estás enojada conmigo?".

Inmediatamente, ella respondió con su voz alegre: "No".

Con una seriedad que a ella le pareció ser una reacción exagerada innecesaria dada nuestra interacción del momento, le dije: "Necesito que seas completamente sincera conmigo, y si estás enojada, necesito que me lo digas porque todo en mí me dice que me proteja contra el rechazo, el conflicto o ambos. Así que si me dices que no estás enojada, pero en realidad sí lo estás, y tu enojo surge después, eso me va a poner verdaderamente muy mal".

Jan me preguntó qué quería decir con eso y porqué le estaba preguntando si estaba enojada. De manera que le expliqué el diálogo interno que me estaba requiriendo actuar: cómo yo había percibido su respuesta cuando llegué a la casa. Le dije que reconocía mi diálogo interno como parte del patrón que nos esforzábamos por romper y que necesitaba su ayuda para responder correctamente en esta situación. Este nivel de since- ridad en nuestra comunicación era nuevo para mí, pero era lo que ambos queríamos en nuestra relación.

Ella me dijo: "Mírame a los ojos". Así que la vi a los ojos, y ella dijo: "¡No estoy enojada contigo!". Podía darme cuenta, por su mirada, cuando ella me dijo eso, que no estaba enojada. Ella me estaba diciendo la verdad. Así que ignoré las sirenas de defensa pasivo-agresiva que sonaban dentro de mí y le conté acerca de mi día abierta y sinceramente.

Este diálogo sincero entre nosotros y la interacción que pro- ducía marcaba un punto decisivo en nuestra relación y era una medida de la obra sanadora de Dios para liberarme de las reacciones pasivo-agresivas que eran instintivas en mí. Rompí el patrón de respuesta al ciclo temporal de las circunstancias que marcaba nuestra relación y que había creado una barrera contra la conexión que causó dolor e impedía el desarrollo de nuestra intimidad de corazón a corazón.

Usted no está solo

No soy el único que ha tenido que aprender esto, y tampoco lo es usted. A lo largo de los años, he aconsejado a muchas pa- rejas pasando por esta dinámica. Ellos, al igual que Jan y yo, necesitaron identificar sus patrones de comunicación dañinos y luego tomaron decisiones para ignorar sus instintos natu- rales a fin de encontrar la verdadera salud y felicidad.

Veamos un ejemplo. Cuando Ben y Angie (no son sus verda- deros nombres) llegaron conmigo, Ben estaba convencido del todo que su problema se debía totalmente a la agresividad de Angie. Él dirigía un negocio creciente y tenía muchos empleados. Él no tenía problema alguno para administrar su negocio o dar órdenes y supervisar a sus empleados. A sus empleados y sus clientes les encantaba su amabilidad y su actitud de servicio al cliente. El éxito del negocio proveía un nivel de vida cómodo para su familia. Todos los parámetros externos indicaban que él era exitoso. Hizo todo lo que podía para proveerles a su esposa e hijos con todo lo que querían en la vida.

La frustración que Ben y Angie sentían era el resultado de su respuesta al comportamiento de cada uno. Angie estaba resentida de que los clientes y empleados de Ben recibieran más de su tiempo y energía que ella y los niños. Ella tenía una lista interminable de las promesas que Ben había roto, y lo confrontaba agresivamente con sus frustraciones. Mientras más promesas rotas se acumulaban, más enojada se ponía Angie, y se volvía más expresiva e intolerante con su comportamiento. En un par de ocasiones, ella llegó hasta el negocio gritando y protestando delante de sus empleados y clientes con la intención de que él cambiara, pero nada parecía funcionar.

La queja constante de Angie, sus exigencias y creciente agresión frustraban a Ben. Para evitar el conflicto entre ellos, él estaba verbalmente de acuerdo con casi cualquier exigencia que ella hacía, aun si sabía que no la podía cumplir. Él sentía que no había forma de cumplir con todo lo que ella exigía, pero no le comunicó sus verdaderos sentimientos porque sentía que ella no lo comprendería o escucharía, sino que solamente se pondría más agresiva. Los esfuerzos anteriores para comunicar sus sentimientos solamente los había llevado a un conflicto entre ellos.

Lo que él quería era paz. De manera silenciosa y sutil, él resistía sus exigencias agresivas mientras, superficialmente, mostraba estar de acuerdo solamente para mantener la paz. Cuando quedaba atrapado en la agresión de Angie, Ben se enojaba y su comunicación se volvía áspera y cortante, causando dolor y prolongando la desconexión en su relación. Su intento para evitar el conflicto con su esposa había fallado en crear la paz que él deseaba. Él se volvió defensivo y desarrolló una mentalidad de víctima, sintiendo lástima de sí mismo. Los intentos de Angie, desesperados y agresivos, para obtener la atención de su esposo y llevarlo a ponerla a ella y a los niños como prioridad, solamente empeoraron las cosas. Al principio, él se apartó para evitar el conflicto, pero cuando eso no funcionó, su enojo emergió y pasó a la parte ofensiva, convirtiéndose en malo, castigador y vengativo para desahogarse de la agresividad de su esposa.

El comportamiento de Ben no solamente lastimaba a Angie, también la confundía por completo dejándola insegura acerca de cómo relacionarse con Ben. Él se parecía al Dr. Jekyll y el Sr. Hyde en la forma en que se relacionaba con ella. El problema entre ellos continuó sin resolverse ya que la agresión de Angie provocaba reacciones pasivo-agresivas en Ben. Durante ese proceso, ellos se separaban aún más a medida que los ciclos de este patrón ocurrían en su relación. Estaban desanimados, frustrados e insatisfechos en su matrimonio. Afortunadamente, a través de la consejería, pudimos identificar el patrón dañino y mostrarles una mejor manera de relacionarse y conectarse en el matrimonio.

¿QUÉ CAMINO ESCOGERÍA USTED?

He encontrado, en la consejería matrimonial, que las parejas responden a las dificultades presentes en su relación en una de tres maneras. Algunas determinan que los problemas son demasiado grandes o demasiado difíciles y deciden terminar y empezar de nuevo en otra relación. Se divorcian. Generalmente, repiten el patrón de disfuncionalidad en una nueva relación ya que no han tratado con su dañina forma de pensar.

Otros, no quieren volver a empezar, sienten que el divorcio no es una opción, pero han perdido la esperanza de que algo pueda cambiar algún día. Desarrollan mecanismos de defensa para tratar con la disfunción en su relación. Se mantienen juntos, pero su matrimonio deja de crecer. Nunca cambia y viven en un matrimonio insatisfecho y frustrado.

El tercer grupo reconoce su frustración, confronta sus problemas con sinceridad y asume la responsabilidad de su comportamiento. Abordan los problemas haciendo cambios personales y, como resultado, las barreras hacia la felicidad y la satisfacción en su matrimonio son desmanteladas poco a poco; a través del trabajo duro y el compromiso, producen la relación que habían deseado.

Durante mucho tiempo, escogí la segunda opción. Jan y yo estábamos firmemente comprometidos en nuestro matrimonio, pero yo buscaba ganar el amor y el afecto de Jan a través de una comunicación deshonesta y dañina. No lo reconocía en ese entonces, pero mis diálogos internos y reacciones ocultas crearon una relación falsa basada en cosas que no eran reales. Mis reacciones a los motivos percibidos de Jan estaban basadas en las mentiras desarrolladas a través de las conversaciones internas que me hicieron sentir lastimado y rechazado. Mis reacciones eran sutiles, en su mayoría ocultas y, generalmente, emergían en un ataque sorpresa o en una trampa. Esta era la forma en que me relacioné con Jan en nuestro matrimonio durante muchos años. La mantenía desubicada y confundida. Yo creaba una barrera que evitaba que nuestro matrimonio llegara a ser tan satisfactorio y profundo como ambos deseábamos.

Si esta manera de relacionarse dañina y destructiva se

refleja en su matrimonio, es posible cambiar. Si usted busca que sus necesidades sean cubiertas o expresa su enojo y frustración lanzando torpedos de reacciones pasivo-agresivas, hay una mejor manera que le guiará a una relación verdadera y saludable con su esposa. Erróneamente, pensé que mi comportamiento brotaba de un esfuerzo sincero de conectar mi corazón con el de Jan y compartir nuestra vida juntos, pero el resultado fue dolor, aislamiento y frustración.

Este es el tipo de daño que producen las reacciones pasivo-agresivas a circunstancias de conflicto en nuestro matrimonio. Pero hay esperanza. Usted puede revertir el daño y cambiar la infelicidad en su matrimonio cambiando la forma en que se relaciona. No tiene que continuar en este ciclo destructivo y dañino.

Hablemos de usted

Todo matrimonio tiene conflicto. La pregunta es: "¿Cuál es la mejor forma, y la más saludable, de resolver el conflicto en su relación?". Discutiremos la resolución de conflicto en un próximo capítulo, así que, por ahora, permítame decir que si está tratando de apaciguar la personalidad agresiva de su esposa diciéndole lo que usted cree que ella quiere oír, no está evitando el conflicto. Tal vez, lo está retrasando. No puede evitar el conflicto poniéndolo bajo la superficie. Al hacerlo, asienta la estructura para una relación superficial, deshonesta, que no satisfará a ninguno de los dos. Está dañando la relación.

Si usted es un hombre pasivo-agresivo, tiene que hacerse responsable de cambiar la manera en que se relaciona con su esposa. Deje de culparla y véase a sí mismo. De manera contraria a lo que el término pasivo podría implicar, los hombres que se relacionan a través del comportamiento pasivo-agresivo podrían tener fuerte capacidad de relacionarse con la gente. Ellos podrían sobresalir en actividades de equipo, ya sea en el trabajo en los deportes. Tienden a ser extremadamente sensibles y gentiles hacia los demás. Su sensibilidad les lleva a ser generosos y orientados al servicio en la manera en que se relacionan con la gente. Estas cualidades hacen que se ganen el cariño de quienes los rodean. En la superficie, aparentan ser casi perfectos, pero aquellos que están más cerca de ellos experimentan frustración, confusión y heridas por su comportamiento engañoso.

Para comprender el comportamiento pasivo-agresivo y poder identificar su efecto en su relación con su esposa, primero tiene que entender lo que es. No debe evitar identificarlo, sino que debe exponerlo abiertamente en su vida. Una vez expuesto, podrá escoger ignorar lo que ha llegado a ser natural en su forma de relacionarse a medida que se esfuerza en construir nuevos patrones de relación en su matrimonio.

Al no dar estos sencillos pasos a la acción, el dedo siempre estará apuntando hacia el comportamiento agresivo de su esposa y usted permanecerá ciego ante los patrones destructivos de sus reacciones. Tome las decisiones necesarias para tener una relación saludable hoy, ¡ahora mismo!

Capítulo 4

LA MUJER FUERTE

JAN

Si el solo hecho de hablar de nuestro matrimonio hubiera podido mejorarlo, entonces Tom y yo habríamos edificado un matrimonio bueno y fuerte en dos años. Siempre estábamos hablando acerca de nuestra relación porque era importante para nosotros y queríamos que nuestro matrimonio fuera fuerte, sano y satisfactorio para ambos. Sin embargo, hablar de nuestra relación no nos llevó a donde queríamos ir, y no teníamos el entendimiento o las herramientas que necesitábamos para manejar los conflictos en nuestro matrimonio. Deseábamos fuertemente un matrimonio maravilloso, pero teníamos problemas para descubrir cómo lograrlo.

Traté de ser honesta y directa en nuestra comunicación con Tom, pero al contarle cosas a él, generalmente, no obtenía una respuesta satisfactoria. Mientras más apasionada era, más callado se volvía. Trataba de arrancarle las palabras haciendo preguntas directas. Él daba respuestas cortas y dóciles. Cuando intentaba profundizar, él se volvía más callado y menos receptivo. Empezaba a sentirme herida y rechazada y trataba con más fuerza, y luego, de la nada, él se enojaba acerca de algo de lo que ni siquiera estábamos hablando. Me hacía sentir confundida en la conversación mientras trataba de responder al tema que él había traído a colación, y parecía que nunca resolvíamos los problemas verdaderos.

Cuando discutíamos, se sentía como si Tom estaba ocultándome cosas, pero él lo negaba con vehemencia. Muchas veces le decía que nuestra comunicación se sentía como si estuviéramos en un juego donde él conocía las reglas, pero no me decía cuáles eran. Yo sentía que debía descubrirlas por mi cuenta. Tenía que adivinar y tratar de descubrir maneras de comunicarme con él. Se sentía injusto y estaba frustrada porque yo hacía todo el esfuerzo para que hubiera conexión sin tener éxito alguna vez. Parecía que no había nada que yo pudiera decir o hacer para que él compartiera conmigo.

Veo hacia atrás y me doy cuenta que mis esfuerzos para conectarme con Tom a través de una comunicación directa y emotiva era, exactamente, lo que provocaba que él se cerrara. Al no ser sensible a los matices relacionales, de verdad, nunca noté cuando él empezaba a aislarse. Generalmente, ya habíamos avanzado en la conversación antes de que yo me diera cuenta de que él no decía nada más que: "Ajá, mmmm", o simplemente sonreía y asentía con su cabeza. Cuando finalmente me daba cuenta que no estaba involucrado, eso empezaba el ciclo donde yo presionaba más intencionalmente y exigía una respuesta y él se retraía y aislaba. Esto producía resultados muy negativos.

Al principio de nuestro matrimonio, habíamos decidido que sin importar cuánto discrepáramos sobre algo o lo que fuera que estuviera sucediendo, estábamos comprometidos el uno al otro por el resto de nuestra vida. Asemejamos nuestro matrimonio a un juego de fútbol en el sentido en que ambos estábamos en el mismo equipo y teníamos el mismo propósito.

Podríamos estar jugando diferentes posiciones, pero sin importar cuán diferente viéramos las cosas, todavía estábamos en el mismo equipo tras el mismo objetivo. Nos recordaríamos mutuamente de esto cuando tuviéramos algún desacuerdo. Uno de nosotros se detendría y diría: "Sabes que estamos en el mismo equipo". Esto ayudaba a poner las cosas en perspectiva en medio del calor de la discusión. Era un punto de conexión positivo que detendría la confrontación y volvería reorientar nuestra actitud.

A medida que empezamos a establecernos en el ministerio, empezamos a aconsejar a otras parejas sobre problemas matrimoniales, lo que causó que emergieran los problemas en nuestro propio matrimonio imperfecto. Yo escuchaba a Tom dar un consejo con el cual yo no estaba de acuerdo, y se lo decía. Él me decía qué era lo que pensaba y yo le decía a él lo que yo pensaba. Tal vez le decía que yo pensaba que lo que había recomendado era equivocado. Entonces, él se ponía a la defensiva y decía que él tenía razón y que yo estaba equivocada, y empezaba con esta rutina cíclica de alegato. Tom decía algo como: "Tú siempre piensas que tienes razón", o "tú siempre tienes que ganar". Yo alegaba que no era mi intención ganar, en lo absoluto. Solamente quería poder hablar acerca de las cosas y llegar a un acuerdo. Me confundía que él lo pusiera en un contexto de ganar/perder porque yo pensaba que estábamos tratando de comunicarnos. Tom se mantenía firme en su creencia de que yo competía con él y estaba tratando de ganar. Generalmente, él salía de estas conversaciones sintiéndose herido y vencido, y yo, sintiéndome malentendida y rechazada. Ninguno de los dos recibía lo que necesitábamos de estas discusiones.

Usted no sabe lo que no sabe

Tom ingresó al ministerio vocacional a los treinta años de edad. Empezó en el departamento de administración en la iglesia y después de un par de años, llegó a ser pastor. Empezó supervisando el ministerio de consejería pastoral en nuestra iglesia y ellos habían empezado a dar una capacitación sobre codependencia, lo cual me interesó. Decidí leer uno de los libros que estaban usando. Se titulaba *Codependency: Breaking Free from the Hurt and Manipulation of Dysfuncional Relationships* [Codependencia: Cómo librarse del dolor y la manipulación de las relaciones disfuncionales] por Pat Springle. Yo pensaba que era un libro excelente, y le pregunté a Tom si lo había leído. Dijo que no, pero que quería leerlo para comprender el problema de la codependencia. Le dije que debería leerlo porque allí había cosas que yo pensaba que se aplicaban a nuestra relación.

Él empezó a leer el libro esa noche, pero no encontró nada acerca de nuestra relación para él. De hecho, no le gustó el libro en lo absoluto. Se ponía ansioso y empezaba a escribir al margen y a tachar oraciones y se quejaba que no estaba de acuerdo con las ideas. El libro lo hacía enojar. Finalmente le dije: "Oye, si no te gusta el libro y no estás de acuerdo con lo que dice, deja de leerlo". Entonces, decidió dejarlo.

Unas semanas después, él encontró otro libro llamado *Can Christians Love Too Much?* [¿Pueden los cristianos amar demasiado?], por Margaret Rinck. También lo leí y pensé que decía básicamente lo mismo que el otro libro. Sin embargo, algo en el estilo de escritura de la Dra. Rinck llamó la atención de Tom y leyó el libro más fácil y placenteramente. Él pudo sacar muchas herramientas de ese libro para usarlas en consejería y en nuestra relación.

Una cosa que Tom dijo haber notado en ese libro acerca de nuestra relación fue que él asumía lo que yo sentía y pensaba basándose en sus propios sentimientos y pensamientos. Esto causó muchos malos entendidos y confusión entre nosotros porque no nos parecemos en nada. Hablamos acerca de esto, y dijo que quería cambiar esa dinámica en nuestra comunicación. La oportunidad se presentó unos días después. Vino a casa después del trabajo mientras yo estaba cocinando la cena. Se detuvo y dijo "hola" y yo dije "Eu". Después, se fue para nuestro dormitorio a cambiarse de ropa. Cuando terminé de cocinar, llegué a donde él estaba para conversar con él. Le pregunté cómo le fue en el día y me dijo, "bien". Luego, se me quedó viendo.

Pregunté: "¿Pasa algo malo?".

Él dijo: "Bueno, quiero preguntarte algo, y quiero que seas sincera conmigo. Es muy importante que seas totalmente sincera conmigo".

Yo sentía mucha curiosidad por lo que me iba a preguntar.

Él dijo: "¿Estás enojada conmigo?".

Lo miré con incredulidad. Ni siquiera habíamos cruzado más de un par de palabras, y yo no podía comprender de qué estaba hablando él. Dije: "No, no estoy enojada contigo".

Tom respondió: "¿Lo dices en serio? Porque todo dentro de mí me dice que estás enojada conmigo".

Dije: "Tom, mírame a los ojos. No estoy enojada contigo, para nada. No, en ninguna manera, en lo absoluto".

Él volvió a preguntar: "¿Estás segura?".

Dije: "Tom, te prometo que no estoy enojada contigo, en lo absoluto; ¡pero lo estaré si sigues haciéndome esta pregunta!".

Lo observé mientras él terminaba de comprender que yo no estaba enojada. Cambió visiblemente frente a mí. Era como que se hubiera encendido una luz y él hubiera sido liberado de una carga pesada.

Este fue un gran avance en nuestro matrimonio. Él estaba optando por confiar en lo que yo le decía sobre lo que sus sentimientos le decían. Aunque había sido tentado a alejarse de mí, después de este intercambio él pudo cambiar su actitud y comunicarse conmigo como si no pasara nada malo. Debido a que pudimos hablarlo sin frustrarnos o enojarnos, pudimos escucharnos mutuamente y responder en una forma que aclaró la situación.

Mucho después, comprendí que la razón por la que Tom no me creía cuando yo decía que no estaba enojada con él era porque si las cosas hubieran pasado al contrario, y yo le hubiera preguntado a él si estaba enojado, él habría respondido que no, aunque estuviera furioso por dentro. Él esperaba que yo supiera que estaba enojado aunque dijera que no lo estaba. Debido a que él proyectaba sus sentimientos en mí, tuvo que luchar para vencer la creencia de que yo estaba enojada con él. Para él fue algo aterrador y difícil ir contra esos sentimientos reales y creer lo que yo decía, pero eso marcó una gran diferencia en nuestra relación.

MI PARTE EN LA ECUACIÓN

Me llevó muchos años descubrir que a Tom se le dificultaba mucho ser sincero acerca de estos tipos de sentimientos cuando yo lo presionaba por medio de la confrontación directa. Yo no entendía que lo directo de mi confrontación lo hacía sentir incómodo. Él tenía un temor profundo de que si me decía cómo se sentía en realidad, yo lo rechazaría, pero su falta de sinceridad hacía que yo me sintiera rechazada también. Ambos nos sentíamos rechazados por el otro en diferentes maneras.

Al igual que Tom tenía su diálogo interno funcionando constantemente, yo también tenía uno. Yo sabía que Tom tenía frustraciones y resentimientos contra mí, pero no podía hacer que lo admitiera o me dijera qué era. Finalmente, cuando agotaba todos mis recursos para hacer que hablara, sencillamente me rendía y seguía hacia adelante sin esperar que él pudiera justificarse. Sentía como si él iba a ser deshonesto, y por lo tanto se justificaba que yo ignorara su conducta hiriente. Siempre fui franca y sincera en mis interacciones con él, y esperaba que él descubriera cómo ser abierto y sincero conmigo. Yo no era sensible o amable en mis reacciones o respuestas porque estaba completamente molesta porque él no era sincero conmigo. Este tipo de insensibilidad de mi parte nos ponía en posición para tener conversaciones hirientes. Yo mantuve mi alto terreno moral por la verdad a expensas de aprender una nueva forma de ser sensible a su necesidad de paz.

Cuando hablábamos con las parejas en los seminarios o en clases, muchas veces nos preguntaban al final acerca de cómo podía funcionar esta dinámica entre mujeres asertivas que están casadas con hombres pasivo-agresivos. Las mujeres hablaban acerca de cuán confundidas y frustradas estaba al tratar de hacer que sus esposos se abrieran con ellas y sentir su dolor. Es muy difícil tener una conversación con alguien que no se involucra. Es aún más difícil ver y entender que uno es parte del problema, que uno hace cosas que han creado esta dinámica dañina. A esto lo llamo, estilo de comunicación *agresivo-dominante versus pasivo-agresiva*.

La palabra *dominante* porta muchas connotaciones negativas. Por definición, significa: "gobernar, ejercer control u ocupar una posición de comando o superior sobre una persona o situación". Dominio puede referirse a la respuesta que una persona afirma sobre otra en una relación. También puede referirse a la personalidad que es agresiva y controladora, con esas características, influenciando las dinámicas de relación entre las dos personas.

Quizá sería correcto decir que ambos, hombres y mujeres, se resisten a ser etiquetados como dominantes. Sin embargo, pareciera como si un hombre que es etiquetado como dominante fuera visto de diferente manera que una mujer, a quien se le describe como dominante. Para el hombre, hasta podría ser una característica complementaria, que muestra carácter y decisión. Sin embargo, para una mujer nunca es complementaria. Siempre se usa como una declaración derogatoria y se considera crucial, negativo y poco halagador. Muchas de las características que definen a una mujer de éxito: disciplina, inteligencia, impulso y ambición, muchas veces son los rasgos que hacen que la etiqueten como una mujer dominante. El término es especialmente poco halagador para una mujer que quiere reflejar características divinas. Va en contra de la escritura que dice que la belleza interior de la mujer se refleja en un espíritu tierno y sereno (1 Pedro 3:4). ¿En qué forma las cualidades de ternura y serenidad se identifican con una mujer cuya fuerza de personalidad se expresa naturalmente en maneras que hacen que se le etiquete como dominante?

Cuando a una mujer se le describe como dominante o agresiva, generalmente, significa que, a través de su manera de interactuar en la relación, ella busca imponer su voluntad sobre individuos o circunstancias; de allí, el resultado controlador. Yo no podía ver que mi estilo de relacionarme era agresivo o dominante. Sabía, en mi corazón, que yo era flexible y que podía adaptarme, pero cuando se trataba de confrontar tomaba la actitud de "matar o morir". Quería que lo que yo dijera se escuchara, se acordara y, finalmente, se llevara a cabo. Y ya que a Tom no parecía importarle lo suficiente para molestarse en argumentar, me volví intimidante en muchas conversaciones, queriendo que las cosas se hicieran como yo quería o estaría discutiendo por horas.

Tom, solía decir, que tratar de hacerme estar de acuerdo con algo diferente a lo que yo pensaba era como luchar contra un cocodrilo. Él sentía que tenía que luchar conmigo hasta el piso y mantenerme allí para hacer que yo cambiara de manera de pensar, y él no estaba dispuesto a hacerlo. Después de varias rondas de alegatos, él se retractaba, lo que me hacía creer que (finalmente) estaba de acuerdo conmigo. Yo no podía ver que sus sentimientos eran tan firmes como los míos, pero que simplemente él no quería participar en el debate. Ya que él se volvía condescendiente durante la discusión, yo podía terminar la conversación en el resultado que yo quería. Luego, cuando se tomaba la decisión, sentía que nos representaba a ambos.

Por eso, me sentía muy traicionada cuando Tom no actuaba según lo que yo pensaba que habíamos acordado. Lo acusaba de mentirme porque no me decía que no estaba de acuerdo conmigo o que no iba a hacer lo que yo pensaba que habíamos acordado. En lugar de eso, me decía lo que él pensaba que yo quería oír de manera que no tuviera que discutir conmigo. No me di cuenta que su propósito era suavizar el conflicto y llevarlo a una resolución pacífica de cualquier manera posible, lo que era más importante para él que arriesgarse a tener una comunicación abierta, sincera, que pudiera aumentar el desacuerdo.

El grado de un estilo de comunicación dominante se representa en una escala que varía desde asertiva (inofensivamente benigna con buenos resultados), a destructivamente controladora (con resultados negativos). En la manera más inofensiva de ser dominante en una relación, una mujer es capaz de obligar a la otra persona a estar de acuerdo con ella usando su inteligencia y persuasión. En su expresión dominante más controladora y destructiva, mantiene firme su perspectiva y demanda o manipula a la otra persona para lograr el resultado que desea y se asegura de que sepan que se hace a su manera o pierden. Se enoja cuando las cosas no salen como ella quería y puede descargar su ira sobre quienes la rodean gritándoles o castigándoles. También puede quedarse callada y dejar de hablarle al ofensor. Yo llamo a esto la "ley del hielo". De cualquier manera, habrá un precio que pagar por no estar de acuerdo con ella.

La gente dominante cree que su forma de hacer las cosas es la mejor manera y la impondrá en la gente a su alrededor aun si transgrede las creencias de los demás. Los individuos dominantes pueden estar ciegos al efecto dañino que esto tiene sobre su cónyuge y la relación entre ellos. Esto hace que el cónyuge se sienta transgredido, él o ella puede sentirse rechazado, intimidado o furioso. De cualquier manera, esto no alberga un sentimiento cálido de amor y satisfacción mutua en la relación.

En nuestra relación, Tom y yo no entendíamos estas dinámicas. Él no sabía que su estilo de relacionarse era pasivo y no veía que yo era agresiva. Lo único que sabíamos era que no éramos capaces de relacionarnos mutuamente de manera efectiva y satisfactoria. Nos faltaba mucho por recorrer.

Hablemos de usted

¿Ha notado que su esposo evita tener conversaciones difíciles con usted? Quizá, al igual que yo, usted reconoce que tiene algunas tendencias controladoras y dominantes en su estilo de relacionarse. Si usted está viendo que sus palabras y sus acciones tienen un efecto negativo en su matrimonio, puede hacer algo al respecto. Recuerde que la relación con su esposo es más importante que "tener razón" o salirse con la suya.

Aun si pareciera que a su esposo no le importa ceder sus deseos y perspectiva para dar cabida a las suyas, usted está socavando la oportunidad de tener una relación mutuamente satisfactoria al no detenerse e invitarlo a la conversación. Él no está dispuesto a tomar el riesgo de alterarla por no estar de acuerdo con usted a menos que se sienta respetado y que será escuchado. Es un movimiento delicado que requiere práctica, paciencia y, tal vez, mucho esfuerzo.

Anímese, abordar los problemas de un estilo dominante de relacionarse no requerirá que usted niegue por completo su fortaleza de perspectiva y los dones que Dios le ha dado. Lo que sí requiere es que usted deberá ver más detenidamente el impacto que está teniendo en las relaciones que le rodean, especialmente con su esposo. Le animo a considerar en oración lo que Dios podría estarle diciendo y permitir que Él moldee su estilo agresivo de comunicación con un entendimiento más claro para que pueda conectarse más profunda e íntimamente con su esposo.

El cambio es un proceso. Tom y yo todavía estamos en el proceso, pero tenemos un matrimonio satisfactorio y estamos muy agradecidos de no habernos rendido en los momentos difíciles. Usted también puede encontrar satisfacción, gozo y plenitud en su matrimonio. ¡No se rinda!

Capítulo 5

¿QUIÉN ES SU PAPI?

❦ TOM ❦

ENÍA OCHO AÑOS Y ACOMPAÑABA A MI MAMÁ EN su viaje semanal a la tienda de abarrotes. Estábamos llenando la carretilla de las compras con los artículos que una familia creciente, de cinco miembros, requería junto con algunas cosas extras que mis hermanas y yo habíamos convencido a mamá que nos comprara. Mientras pasábamos por el pasillo de las bebidas, nos detuvimos para colocar en la carretilla un paquete de seis RC Colas. Cuando mi mamá las puso en la carretilla, nos dijo a mis hermanas y a mí, que cada uno de nosotros tenía derecho a dos refrescos de cola del paquete. Eran nuestros y podíamos administrarlos y consumirlos durante la semana pero cuando se acabaran, ya no había más hasta la próxima semana cuando fuéramos de compras de nuevo. Ella dijo, usando su mejor voz como maestra: "ustedes, niños, administren bien sus bebidas", a lo cual yo pensé: "Sí, sí, qué bien, tenemos colas en la carretilla. ¡Qué bien!".

Unos días después, era la noche familiar de juegos. Era tiempo de hacer palomitas de maíz, tomar RC Cola y divertirnos como familia. Esa noche tomé mis dos refrescos de colas a pesar del recordatorio de mi mamá de que me estaba tomando mi cuota de la semana. Desde mi punto de vista, ¡el momento requería que consumiera los refrescos de cola disponibles! Unos días después, mis hermanas estaban disfrutando su segunda botella de refresco de cola mientras miraban televisión. Yo quería hacer lo mismo, pero ya no tenía refrescos, los míos se habían terminado. Le dije a mi mamá que necesitábamos ir a la tienda a comprar más RC Colas. En ese momento ella me recordó que yo no había administrado mi cuota tan bien como mis hermanas, por eso era que ellas todavía tenían algo para tomar. Ella me recordó que durante la noche familiar yo había consumido todas mis bebidas mientras que mis hermanas habían guardado las de ellas para después.

Eso me enojó. En medio de mi frustración le dije a mi mamá: "¡Cuando yo sea grande, voy a tener una máquina de sodas en mi sala, y voy a quitarle la llave para que mis hijos puedan tener una soda cuando quieran!". No estaba consciente del poder de este voto y su posible efecto en mi vida. Se mantuvo latente a lo largo de mis años de desarrollo en casa. Sin embargo, sí plantó algo en el alma de mis emociones. Enterrado en mi corazón, descansaba quietamente, esperando el momento correcto para desatar su influencia. No estaba consciente de su presencia e impacto en mí y en mi comportamiento sino hasta muchos años después.

Explotó en nuestro segundo año de casados. Era un fin de semana y habíamos invitado algunos amigos para comer pizza y compartir un juego de mesa. Habíamos ido a la tienda a comprar un paquete de Pepsi para servirles a nuestros amigos mientras jugábamos esa noche. Al final de la noche, mientras limpiábamos, noté que todas las Pepsi se habían acabado durante el juego. Le dije a Jan que ya no teníamos Pepsi y que necesitábamos ir a la tienda al día siguiente para reabastecernos.

Ella dijo, como si nada: "Oh, puede esperar hasta que vayamos a la tienda en unos días". Cuando dijo eso, yo exploté con una reacción que fue mucho más fuerte de lo que merecía la respuesta de ella. Le dije que en nuestra casa nunca faltarían las sodas, ¡jamás! Le dije que ella podía ir a la tienda esa noche o a primera hora en la mañana para reabastecernos, o que iría yo pero que no nos quedaríamos sin Pepsi. Jan se quedó quieta, sorprendida por la fuerza de mi respuesta. Hasta a mí me sorprendió la fuerza con la que lo expresé, aunque era un reflejo de la forma en que verdaderamente me sentía. Dulcemente, me dijo que mi reacción era ridícula, pero que ella iría a comprar Pepsi al día siguiente. Yo no conecté inmediatamente mi respuesta con la situación de mi niñez. No sabía por qué lo sentía con tanta fuerza. Todo lo que sabía era que así era como me sentía. Pensé que estaba estableciendo un valor de previsión y provisión para las necesidades de mi hogar y familia.

Viene de mucho tiempo atrás

El impacto de las circunstancias que hemos enfrentado a lo largo de nuestra vida, se unen en maneras poderosas para influenciar nuestro comportamiento con impresiones duraderas muchos años después. Dios lo dice de esta manera a través de Moisés en los Diez Mandamientos: "Yo soy el Señor tu Dios, fuerte y celoso. Yo visito en los hijos la maldad de los padres que me aborrecen, hasta la tercera y cuarta generación, pero trato con misericordia infinita a los que me aman y cumplen mis mandamientos" (Éxodo 20:5-6, RVC).

Una iniquidad o pecado es sencillamente una tendencia o inclinación hacia un comportamiento negativo en particular. Sabemos, por los estudios de investigación, que muchos rasgos de comportamiento se transmiten de manera generacional. El alcoholismo o las tendencias adictivas fluyen a través de la línea de consanguinidad. Los padecimientos físicos, tales como: presión alta, enfermedad del corazón, cáncer y otras enfermedades físicas son parte de la descendencia. El abuso físico, emocional o verbal sigue la línea familiar, junto con otro sinfín de características personales, físicas y de conducta. Hasta nuestras observaciones confirman esta verdad espiritual. ¿Ha observado, alguna vez, a su hijo responder en una forma que no necesariamente le gustó y le dijo a su cónyuge: "Esa respuesta fue igual a...", y luego la asoció con un abuelo, o tía o tío, o hasta con usted mismo o su cónyuge? Sencillamente, usted reconoce el impacto sobre sí mismo y sobre su familia de la verdad que Dios expresó.

Es algo así como aquella frase: "¿Quién es tu papi?". ¿La ha escuchado antes? Esta corta pregunta es mucho más grande y profunda de lo que esas cuatro palabras implican. Podría parafrasearse así: "¿Quién te influencia y moldea tu vida?". O podría convertirse en múltiples preguntas que digan: "¿Quién te ha enseñado tus valores, ayudado a descubrir tu propósito o dado dirección a tu vida?". El punto es este: lo que sea o quien sea que le influencie, forme, le enseñe valores, defina su propósito o dé dirección a su vida, a eso se refiere "quién es tu papi".

Hay una diferencia entre un padre y un papi. Un padre nos trae a este mundo, pero un papi moldea e influencia nuestra vida mientras avanzamos en ella a través de las circunstancias y experiencias. La intención de Dios era que nuestros padres biológicos fueran nuestros papis, pero la verdad es que no todo padre cumple el papel de un papi, y hasta los mejores padres terrenales no son perfectos.

La realidad es que alguien o algo está llenando el papel de papi en las circunstancias de su vida. Sin esa guía estratégica, las influencias espirituales poderosas del pecado e iniquidad que impactan su vida pondrán barreras ante usted que actúan como un padre sustituto en las circunstancias que enfrenta. Se necesita un padre piadoso para dar influencia, guía y apoyo para identificar y vencer esos poderes negativos de influencia en su vida. Su vida pudo haber sido moldeada e influenciada por eventos que experimentó hace años y que todavía tiene que reconocer y reconciliar.

Entonces, ¿qué debemos hacer? ¿Cómo se supone que respondamos cuando llegamos a estar conscientes de una conducta negativa, característica física o tendencia en nosotros o nuestros hijos que hemos visto en generaciones previas? La Palabra de Dios es verdad. Ignorar tendencias de comportamiento o negarlas asumiendo que desaparecerán por sí mismas es ser ingenuo. Jesús dijo que el conocimiento de la verdad nos hará libres (Juan 8:32). La Palabra de Dios es verdad. Cuando la verdad se une con sinceridad y un descubrimiento abierto, nos trae revelación y entendimiento. La libertad viene cuando reconocemos y renunciamos a la conducta que hemos identificado y rompemos su efecto negativo por la autoridad de la Palabra de Dios obrando en nuestra vida.

Escudriñar el corazón

Muchas veces durante los primeros años de nuestro matrimonio, Jan y yo notamos características, tendencias o conductas en nosotros o en nuestros hijos y nos preguntábamos de dónde venían y cuál podría ser la causa. A veces, mientras discutíamos nuestras respuestas individuales, Jan señalaría el impacto de mi conducta en ella. No era una acusación; era una discusión acerca de las conductas de cada uno. Jan decía: "A veces, me haces sentir como que debo recompensarte".

Esa declaración suscitó una respuesta defensiva de mi parte. Yo pensaba que su perspectiva estaba sesgada y que estaba viendo las situaciones a través de anteojos emotivos nublados, proyectando algo sobre mí que no estaba allí. Era problema de ella, no mío. ¡Yo nunca le pedí que me recompensara! Yo no tenía la culpa, ¿o sí? ¿Era mi conducta o su imaginación? Mientras mantuve una posición de negación, no pude escuchar nada de lo que ella decía, mucho menos comprender sus sentimientos en relación al impacto de mi conducta hacia ella.

He aprendido que cuando mi reacción es defensiva e invalidante, es muy posible que lo que se haya identificado es algo que necesita mayor investigación. Recibí esta revelación cuando leí el libro de Margaret Rinck. Ella decía que cuando exploramos los problemas del corazón, es como ir en una excavación arqueológica. Continuó describiendo que cuando los arqueólogos empiezan a excavar en un área, son extremadamente cuidadosos. A medida que limpian los artefactos, llegan a extremos para determinar si tienen algo de valor. Todo este esfuerzo se requiere porque no se sabe si el artículo que han descubierto es una vasija común de barro o si es una vasija muy valiosa o una obra artística de alto valor. Al principio, todo artículo descubierto recibe el mismo tipo de cuidado y respeto.

Continuó diciendo que esta es la manera en cómo hacer cuando descubrimos cosas en nuestro corazón. Debe ser descubierto con delicado cuidado, respeto y paciencia. Debe ser tratado con delicadeza a medida que se expone, procesa y clasifica para determinar su valor e influencia en nuestra vida.

Su explicación me trajo revelación, ya que exponía un temor que no sabía que tenía en ese momento. Le había dado poca importancia al impacto que las experiencias de mi pasado tenían sobre mí. Había aprendido a negar mis sentimientos y a seguir adelante. Esta respuesta era una gran parte de mi reacción ante Jan cuando cuestionaba el impacto emocional de las situaciones en mi vida. Llegué a darme cuenta de que mi falta de voluntad para explorarlas se anclaba en el temor a que fueran mal encauzadas.

Pensaba que el método para escudriñar los problemas emocionales del pasado iba a ser desconsiderado y grosero. Me imaginaba que expondría cosas que eran delicadas y valiosas, aún sensibles para mí aunque eran cosas que habían sucedido años atrás. Temía que iban a ser tratadas con ligereza o que se burlarían de ellas mientras se iban revelando. Por lo tanto, pensé que era mejor dejarlas en paz. Toda esta forma de pensar era parte de mi sistema subconsciente de seguridad diseñado para proteger mi corazón. Mantenía mis respuestas superficiales: *Lo que ves es lo que obtienes. Es lo que es. No es necesario hurgar mi corazón. Las cosas en el pasado deben dejarse enterradas. Mi corazón está bien; solo no te metas con él.*

Usaba todas esas respuestas ante los intentos de Jan para ayudarme a descubrir y revelar los problemas en mi corazón. Veía las preguntas de Jan como una desagradable invasión, algo así como la de un invasor de tumbas. Eran insensibles e invasivas. Mi respuesta era rápida y definitiva: "No, no puedes hurgar en mi corazón, y ¡yo tampoco lo haré!".

Esta actitud empezó a cambiar con la revelación que recibí del libro de la Dra. Rinck. Decidí abrir mi corazón para una pequeña exploración y ver qué estaba enterrado allí y, a través de un proceso de cuidado respetuoso, buscar un entendimiento de su impacto en mi vida.

Haré una pausa aquí para decir que, como pastor, yo conocía la importancia del corazón de una persona hacia Dios; es el lugar de Su obra íntima. La Biblia nos dice que debemos guardar nuestro corazón porque de allí fluyen nuestros pensamientos, nuestras decisiones voluntarias y nuestras emociones (Proverbios 4:23). Estos son los temas de la vida que impactan nuestra respuesta a las circunstancias. Yo pensaba que rehusarme a explorar mi corazón era, sencillamente, una acción para protegerlo. No veía el descubrimiento de las experiencias y su impacto en mi conducta como parte valiosa del proceso de proteger mi corazón. Me parecía que este proceso exponía el corazón de uno en lugar de protegerlo. Yo sabía que Dios trataba con los problemas de nuestro corazón con sensibilidad y cuidado, pero yo necesitaba saber que Jan trataría conmigo de esta manera a medida que eran descubiertos los problemas en mi corazón.

Permítame decir, además que el Espíritu Santo es un gran compañero cuando se trata de escudriñar en las cosas que se guardan en nuestro corazón. Él es amable, respetuoso y no condena cuando nos ayuda a descubrir y procesar todo lo que guarda nuestro corazón. Él esperará nuestro permiso para explorar las cosas sin descubrir, ocultas y, una vez se le dé permiso, estará allí para ayudar a dar perspectiva acerca del recuerdo y nos guiará a la sanidad y la libertad. Eso es exactamente lo que me pasó a mí.

Un recuerdo crucial

Armado con una nueva perspectiva a través de la revelación de la Dra. Rinck, empecé a explorar mi corazón. Conforme lo hacía, una de las primeras cosas que descubrí fue un vívido recuerdo de mi niñez. No era un recuerdo reprimido. No era un recuerdo que yo asociara con una herida, dolor o trauma. Era, sencillamente, un recuerdo no procesado de mi niñez. No tenía idea de su valor o de su impacto en mí. No lo había asociado de ninguna manera con la conducta actual de mi vida; pero fue traído para ser revisado, recibí una perspectiva totalmente nueva. El recuerdo que empecé a procesar era uno que involucraba a mi abuela materna. Mi familia era muy unida a la familia de mi madre. Ellos vivían a pocas horas de distancia y los veíamos con regularidad. Ellos eran personas maravillosas, generosas, piadosas. Eran de gran influencia y bendición para mis padres y nuestra familia.

Mientras pensaba en ellos, mis recuerdos se centraron en un par de características reflejadas en la forma en que me relacionaba con mi abuela. Mi abuela era una mujer que tenía un estilo de relación agresivo y era la influencia dominante en nuestra familia. Cuando la abuela venía a visitarnos, mi mamá nos reunía, a mis hermanas y a mí, como un sargento de entrenamiento preparando sus tropas para inspección. Cuando limpiábamos la casa y hacíamos los preparativos, no era distinto a lo que se esperaría de la visita de un presidente. Pasábamos los días limpiándolo todo, y era una limpieza profunda. Todo nuestro arduo trabajo era compensado por el conocimiento de que cuando la abuela llegara, si pasábamos la inspección, su aprobación resultaría en generosas bendiciones en la forma de comidas especiales en restaurantes o una visita al centro comercial para comprarnos ropa.

Al meditar en este recuerdo, no era doloroso y ni suscitaba emociones negativas. Mientras reflexionaba en mis sentimientos por mi abuela y nuestros momentos con ella, surgió un pensamiento revelador, uno que yo nunca había conectado con mi conducta actual. Empecé a ver que había desarrollado un concepto interiorizado en respuesta a la bondad de mi abuela y nuestros preparativos para su llegada. La revelación llegó cuando reconocí que lo que estábamos haciendo era demostrarle nuestro amor a ella y por ella a través del desempeño.

Nuestro desempeño era representado en nuestros preparativos que tenían el propósito de complacerla. Al complacerla, le decíamos lo mucho que la amábamos. Lo que se aclaró para mí era que yo había asociado mi concepto de amor con este tipo de desempeño. Hasta fui un poco más lejos al asociar ese desempeño amoroso con un beneficio esperado. Tal vez no parezca como una gran revelación, pero me abrió los ojos.

Basado en esa revelación, pude ver con claridad la fórmula que había desarrollado al aceptar este concepto de amor. Desarrollé y esperaba una respuesta a mis demostraciones de amor. Nunca había hecho esa asociación de manera consciente hasta que estuve procesando este recuerdo, pero llegó a ser una revelación para mí que, a través de expresiones de amor, yo estaba actuando para Jan, aunque con buena intención, esperaba una respuesta recíproca.

A medida que limpiaba, levantaba y procesaba cuidadosamente la revelación de este recuerdo, empecé a obtener claridad en cuanto a su influencia e impacto en mí. Las cosas que hice al prepararme para la visita de mi abuela no fueron hechas con alguna expectativa manifiesta de un beneficio específico que fuéramos a recibir. Lo hicimos porque amábamos a la abuela y nos encantaba que viniera a visitarnos. Sin embargo, la realidad era que al catalogar esa expresión de amor por ella, yo interpretaba su aprobación y generosa reacción como una reciprocidad por la obra de amor que habíamos hecho al prepararnos para su llegada. No estoy diciendo que esta interpretación la tenían mi mamá o mis hermanas, pero yo sí la tenía. Era mi percepción infantil de lo que estaba sucediendo en ese momento lo que creó la fórmula de esperar un premio por dar amor.

Cuando Jan y yo nos casamos, llevé conmigo ese entendimiento y expresión de amor a nuestro matrimonio. Yo llevaba a cabo actos de bondad sacrificiales para demostrar mi amor por ella de manera práctica, tales como: aspirar la casa, lavar la ropa o comprarle un extravagante regalo de cumpleaños o aniversario, esperando un premio a cambio. Yo intentaba captar pequeñas sugerencias o pistas sutiles que dieran una indicación de algo que ella quería o deseaba para poder incorporarlo a mis actos de amor por ella. No estaba consciente de que, bajo la superficie de mi pensamiento, se encontraba la fórmula que había cristalizado en mi niñez y que estaba siendo, inconscientemente, aplicada a cada acto de amor que hacía por Jan, que al demostrarle mi amor por medio de actos de servicio, ella me correspondería por medio agradecimiento y actos de generosidad hacia mí.

En la superficie de mi pensamiento, sabía que no estaba bien esperar una reacción específica a un acto de amor que hubiera hecho. Esa expectativa estaba mal porque asociaba un motivo egoísta a un acto de amor que no debía tener condiciones. Yo sabía que el amor no da algo para obtener algo. El verdadero amor da sin esperar nada a cambio. Sin embargo, ya que no tenía una expectativa específica unida a mis acciones, pensaba que mi motivación era pura y que mis actos de servicio verdaderamente eran demostraciones de amor.

No entendí que una expectativa, aun si no está conectada con una reacción deseada, sigue siendo una expectativa. Así que cuando Jan preguntaba si yo tenía alguna expectativa, yo le decía que no. Hubo veces cuando Jan preguntaba categóricamente si esperaba algo a cambio, y yo, con vehemencia, le respondía que no esperaba alguna respuesta en particular de su parte. En mi mente, no le estaba mintiendo. Verdaderamente, yo estaba ciego ante la fórmula que funcionaba en mi subconsciente. Obstinadamente, me rehusaba a reconocer que esperaba algo de ella porque yo no tenía una expectativa *específica* del tipo de respuesta que ella podría dar por lo que yo había hecho por ella.

Permítame hacer una pausa y procesar esto con usted. Mientras lee podría pensar: "¿Cómo es posible que no se dé cuenta de esto?". "¿Cómo puede él pensar que rehusarse a reconocer una expectativa va a hacerla inexistente?". Estoy de acuerdo con usted. ¡Es una locura! Sin embargo, si somos sinceros entre nosotros a medida que avanzamos en las páginas de este libro, sabemos que nuestra reacción al impacto de las circunstancias es hacer grandes esfuerzos para cubrir nuestros pensamientos escondidos y negar nuestro pecado en lugar de asociarnos con Dios para traerlo a Su luz y ser sanos.

Así que aunque yo negara cualquier expectativa que estuviera funcionando en ese momento, la fórmula que obraba en mi subconsciente me hacía esperar ansiosamente que Jan me diera una respuesta de reciprocidad. El problema era que esa respuesta, muchas veces, no llegaba, o si llegaba, yo no la asociaba a uno de mis actos de amor. Cuando la fórmula de desempeño y reacción recíproca quedaba insatisfecha, me sentía herido y rechazado.

Mi diálogo interno iba así: "Pensé que ella me amaba. ¡Yo sé que ella me ama! Entonces, ¿por qué no corresponde a mis actos de amor?". Yo concluía que se debía a mi desempeño, porque los actos de amor que había hecho no eran lo suficientemente buenos, y hacía el compromiso interno de poner más esfuerzo, ser más expresivo y más extravagante en mis acciones. Yo sentía que al hacer esas cosas, con seguridad, sería correspondido con agradecimiento de aprobación y una acción generosa de Jan completaría la ecuación.

El problema con mi fórmula fue que había creado una expectativa no comunicada que era tan grande (y aumentaba con cada intento de acto de amor) que no podía ser satisfecha. Era una "expectativa de hoyo negro" en mi corazón que se tragaba todo acto de agradecimiento de aprobación o generosidad que hacía Jan. La fórmula tenía un defecto, un círculo vicioso, que dejaba poca o ninguna satisfacción en cualquier respuesta que ella me daba.

Cuando este recuerdo emergió en mi corazón, y con la ayuda del Espíritu Santo para traer a luz su impacto, finalmente lo entendí. Lo que Jan había estado describiendo como la sensación de que esperaba algo de ella (que era lo que estaba negando e invalidando) era la expectativa oculta que era parte de esta fórmula de amor que funcionaba en las profundidades de mi corazón, una fórmula que decía que mi desempeño produciría un amor recíproco y agradecimiento de parte de ella hacia mí. ¡Increíble! ¡Ella siempre había tenido razón! Yo sí esperaba que me recompensara.

Con esta revelación clara para mí, pude tomar decisiones que produjeran un cambio. El cambio era relativamente sencillo comparado con el proceso de descubrimiento. Primero, tenía que darme cuenta que una expectativa, por sí misma, no estaba mal, mientras que al mismo tiempo debía darme cuenta que cualquier expectativa que pasa sin ser comunicada está mal y lastima la relación. Segundo, tenía que identificar abiertamente y reconocer mis expectativas. En algunas formas, esto incluía un proceso de descubrimiento ya que me había vuelto bastante bueno para esconder, enmascarar y negar mis expectativas. Tenía que ser abierto a las preguntas de Jan relacionadas a mis expectativas y no responder negándolas o a la defensiva. Algunas veces, mi respuesta sincera para su pregunta era: "No sé si tengo una expectativa o no. Déjame pensarlo por un momento". Entonces buscaba en mi corazón y respondía con lo que había encontrado, ella me ayudaba a procesar mi respuesta para llevarla a un plano sano. Finalmente, compartía abierta y sinceramente con ella lo que pensaba, sentía y experimentaba. Esta forma de comunicación sincera es lo que abrió la puerta para una relación unida e íntima.

Hablemos de usted

¿Qué o quién es responsable del sistema de valores que guía su conducta? Eso es lo que quiero decir con la pregunta: "¿Quién es su papi?". Podría ser algo pequeño, de su niñez, o podría ser algo mayor, algo traumático y doloroso que ha abollado el cilindro de su corazón e impacta la forma en que procesa los problemas en su vida. Podría ser que usted haya adoptado una actitud *liberal* hacia las respuestas internas que ha hecho o está haciendo ante las circunstancias que ha encontrado en su vida. De cualquier manera, el impacto y la medida completa de la influencia de estas sobre su conducta podría, en este momento, no ser comprendido en su totalidad.

Ya sea que lo vea o no, el impacto de las circunstancias pasadas podría haber dejado algunos residuos ásperos que se pegan a su subconsciente y se adhieren a las circunstancias actuales de su vida. Luego, influencian sus acciones y reacciones y aumentan las tendencias pasivo-agresivas en sus respuestas, tal como lo hicieron con las mías. Si usted abriera su corazón, asociándose voluntariamente con el Espíritu Santo, involucrándose en un proceso para explorar lo que está oculto, Dios le guiará en su búsqueda a un lugar de sanidad y plenitud.

Tal vez su punto ciego no tiene nada que ver con expectativas. Quizá sea un área totalmente diferente. El punto es que hasta que no estuve dispuesto a explorar mi corazón, mi ceguera permanecía. Hoy día veo en nuestro matrimonio lo que no había podido ver durante muchos años. Nunca lo habría visto si hubiera continuado renuente a abrir mi corazón y explorar lo que tan celosamente estaba retenido tras las puertas cerradas de la negación y la actitud defensiva en mi corazón.

¿Qué podría estar oculto en su corazón que no le deja ver hoy día? Quizá no sea un problema de desempeño o expectativa como lo fue para mí. Podría ser un millar de cosas que hayan sucedido y se hayan cristalizado en un patrón de pensamiento que está afectando su conducta actual. Usted ve el fruto, pero no conoce la raíz, tal como yo no conocía la raíz en mi vida. La realidad es que usted no conoce la raíz hasta que explora su corazón, como lo hice yo, y descubre, con la ayuda del Espíritu Santo, el impacto de las experiencias y circunstancias en sus reacciones. Usted también tendrá que abrir su corazón a las circunstancias y problemas que han estado encerrados en su corazón para poder entender el impacto e influencia. Puedo decirle que vale la pena el esfuerzo y que ¡puede hacerse de manera segura!

Capítulo 6

SOY MUJER, ESCÚCHENME RUGIR

∽ JAN ∾

E SIDO OBSTINADA DESDE QUE TENGO MEMORIA. Cuando veo que algo sucede o escucho la expresión de una idea, inmediatamente tiendo a tener una opinión acerca de ello. No espero escuchar muchos detalles y daré mi opinión libremente a todo el que pueda escucharla. Me encanta una discusión sustanciosa, así que cuando expreso una idea, espero totalmente que haya un acuerdo o algún tipo de debate en relación al tema. Me encanta el proceso de compartir ideas, el debate y la discusión me dan energía si se hace de manera respetuosa. Mi deseo de descubrir la verdad desde diferentes ángulos hace que quiera conversar y discutir las ideas abiertamente. Es más, cuando comparto mis pensamientos en voz alta, me ayuda a comprender mejor el tema y cómo me siento en relación al mismo.

Sin embargo, este tipo de intercambio es una "paliza" para Tom. Es agonizante desde todo punto de vista porque él quiere tener una discusión positiva, pacífica, con una resolución al final. Cuando estábamos recién casados, yo creí que Tom y yo estábamos completamente de acuerdo en todo porque él siempre parecía estar de acuerdo conmigo. Después de estar casados, fue confuso para mí que hubiera momentos cuando sus acciones no parecían alinearse con sus palabras. En el intento de comprender mi confusión, le pedía que explicara su perspectiva. Él me aseguraba que estaba de acuerdo con mi perspectiva, así que yo confiaba en su palabra. Aunque confundida, nunca pensé que sus acciones inconsistentes significaran que él no estaba de acuerdo conmigo. Sin embargo, no estaba dispuesto a discutir un tema controversial conmigo o a verbalizar su desacuerdo sobre algo por temor a que surgiera una pelea. Ya que él se mantenía al margen de las discusiones que terminaban en desacuerdo, muchas veces estaba externamente de acuerdo conmigo solo para terminar la conversación. El resultado era que muchas de nuestras conversaciones no eran satisfactorias para ninguno de los dos, aun así no podíamos comprender por qué.

La dinámica se veía algo así. Estábamos conversando y Tom decía algo y yo posiblemente no estaba de acuerdo u ofrecía otra forma de ver la situación. Aportaba mis ideas y pensamiento acerca de lo que él había dicho y esperaba que iniciáramos un diálogo (entre ambos) acerca del tema, donde él daba sus razones para creer lo que decía y yo daba alternativas para verlo desde mi punto de vista. Tal vez, hasta se desarrollaba una pequeña tensión en la discusión. Para mí estaba bien dejar la conversación sin resolver en tanto la dejáramos con algo en qué pensar. Mientras tanto, en su lado, Tom estaba tratando de encontrar un punto de acuerdo o manera de resolver y terminar la conversación en paz y armonía.

Recuerdo muchas conversaciones que solo empezaron como una discusión común hasta que llegamos al punto de pelear. Tom declaraba su posición y yo la mía. Él luchaba por su posición y yo luchaba por la mía. Mientras más trataba de que estuviera de acuerdo conmigo, más callado se volvía. Después, empezaba a asentir y a decir: "Ah, sí, ajá", así que yo pensaba: "¿Ve? Él está de acuerdo conmigo, porque si pensara de otra forma, estaría verbalizando su opinión". Yo continuaba con la discusión hasta que sentía que habíamos llegado a un acuerdo. No tenía ni la menor idea que estaba lastimando a Tom con la manera en que me comunicaba con él. Noté que estaba callado, pero no verbalizaba ninguna objeción a lo que decía y yo no respetaba la forma pasiva en que él quería comunicarse. Pensé que, con el tiempo, él aprendería a mantenerse firme en lo que creía y que tendríamos discusiones animadas acerca del tema y ambos estaríamos felices. No me di cuenta que había cosas en mí que estaban causando ruptura en la comunicación, cosas que necesitaba cambiar.

Un día, mientras Tom y yo discutíamos, tuve una revelación. Estábamos sentados a la mesa y le estaba diciendo cómo me sentía acerca de algo. Él estaba sonriendo y asintiendo con su cabeza como estando de acuerdo. Eso me animó a seguir hablando, él no decía nada. Así que me detuve y lo mire y le dije: "No estás de acuerdo conmigo, ¿verdad?". Él me miró sorprendido y avergonzado y me dijo: "En realidad, no". Así que pregunté: "¿Entonces, por qué estabas asintiendo y sonriendo?". Él dijo: "Porque quería que supieras que te estaba escuchando".

Quedé sorprendida. ¿Así que esto es con lo que he estado lidiando todos estos años? Yo asumía que cuando él asentía, significaba que estaba de acuerdo conmigo; pero solamente significaba que me estaba escuchando, no que estaba de acuerdo. ¿Cuántas horas de conflicto pudimos haber evitado si lo hubiéramos descubierto hace años?

El simple acto de detenerme y preguntar, cambió nuestra manera de comunicarnos. Si no me hubiera detenido y hecho la pregunta, todavía, al día de hoy, estaría creyendo que cuando él asiente y sonríe en una conversación es porque está de acuerdo conmigo. Ahora, me detengo cuando él asiente y, algunas veces, digo: "No estás de acuerdo conmigo, ¿verdad?". Y entonces él tiene la oportunidad de decir qué siente sin tener que pelear con mi intenso impulso.

¿Estamos dispuestos a cambiar?

He tenido que comprimir mis emociones y escuchar a Tom si verdaderamente quería que él participara en la conversación. Esto es parte del dar y recibir en nuestra relación. Tom ha tenido que involucrarse en el debate más de lo que quisiera y yo he tenido que calmarme más de lo que es natural en mí. Esto no es un instinto natural para ninguno de nosotros; debe ser aprendido y practicado. Lo hacemos por respeto mutuo y por la salud de nuestra relación.

Debido a que soy apasionada e intensa cuando me comunico, tiendo a ignorar las señales sutiles en la conversación y a presionar cuando suenan las campanas de advertencia y se disparan las alarmas. En la pasión del momento, ni siquiera las escucho. Estoy hablando de algo y quiero discutirlo, pero he usado todos los métodos equivocados para tratar de atraer a Tom con el tema. El resultado es lo opuesto de lo que quiero. Frena por completo el impulso de la conversación. Tom, por su parte, daría respuestas cortas, sin comprometerse y hasta podría intentar cambiar el tema. Yo reaccionaba a su pasividad y decía algo para intentar animarlo a igualar mis emociones. Sin importar cuánto intentara, él no se involucraba en una discusión acalorada.

Luego, después de años de tantos intercambios insatisfactorios, le dieron a Tom un libro para el desarrollo laboral que describía diferentes estilos de comunicación. Hablaba acerca de la gente con la personalidad de Tom, a quienes les gusta tener discusiones de manera ordenada y pacífica y cómo ellos disfrutan tener todos los problemas resueltos y un plan funcionando para cuando termina la conversación. Para el estilo de comunicación de Tom, él necesita sentir como si habrá poco conflicto o tensión; de lo contrario, se siente abrumado y se cierra emocionalmente. El resultado de su forma de relacionarse conmigo era que él siempre trataba de llevar nuestras conversaciones a una conclusión impecable aun si no habíamos discutido el asunto a mi satisfacción.

Por otro lado, la gente con mi tipo de personalidad necesita un poco de calor, una chispa y pasión, en la conversación o no sentimos que la conversación haya sido productiva. Queremos hablar de cosas porque hablar nos ayuda a escuchar lo que pensamos. Procesamos al hablar y escuchar lo que hablamos. No necesitamos una resolución para cada conversación. Hay satisfacción en tanto nos separemos con algo en qué pensar.

Mientras leía la descripción de mi estilo, estaba emocionada de ver que había otras personas como yo. Me apresuré hacia la oficina de Tom y le leí la página que trataba con mi tipo de personalidad y dije: "Mira, ¡no estoy equivocada! Hay otras personas como yo. Necesitamos un poco de calor en nuestras discusiones. Queremos lanzar ideas por todas partes sin resolver nada de inmediato".

Continué diciendo: "No está mal sentirse de la forma en que yo me siento. Es, sencillamente, diferente a ti. Tú siempre quieres terminar nuestras conversaciones en tu forma pacífica, pero entonces yo nunca siento que haya tenido una conversación satisfactoria porque tú te la pasas echando agua en el fuego que trato de empezar. Agradezco que quieras una conversación pacífica, y es justo, pero yo merezco tener algunas conversaciones a mi manera también. Algunas veces habrá un poco de calor y tensión como una parte de la conversación y posiblemente no se resuelva nada al final. Yo sé que a veces esto es incómodo para ti, pero será satisfactorio para mí".

Y durante esta conversación, ambos reconocimos que habíamos sido de mente cerrada y críticos en relación a las necesidades de comunicación del otro. Nos comprometimos a considerar las necesidades de la otra persona así como las propias cuando nos comunicáramos. Nuestro compromiso ese día de honrar los estilos de comunicación el uno del otro sirvió como catalizador para la sinceridad y la comprensión en nuestra comunicación.

ANALIZAR EL FACTOR FEMENINO

En el capítulo 4 compartí que las mujeres que son agresivas, con frecuencia, tienen retos en sus relaciones; algunas veces, son mal entendidas; y que el grado de asertividad de una mujer puede variar de ligeramente agresiva a dominante y controladora. Pareciera que si una mujer no es callada o pasiva, entonces, se le etiqueta como dominante. Yo lo defino así: Una mujer asertiva dirá lo que piensa porque sabe que su aporte es importante y valioso. Una mujer agresiva dirá lo que piensa porque quiere efectuar el cambio y quiere ser parte del proceso. Una mujer dominante dirá lo que piensa porque cree que solamente sus puntos de vista son correctos y quiere controlar el resultado de la situación. El rango entre asertiva y dominante es muy amplio y variado, una mujer agresiva no puede ser agrupada en una misma categoría.

La incomodidad masculina

Los hombres podrían sentirse irrespetados al tratar con una mujer agresiva y podrían no estar dispuestos o ser capaces de interactuar con ella. Estos hombres podrían sentirse incómodos al tratar con las mujeres por las siguientes razones:

- Pueden haber sido lastimados o constantemente ignorados por las mujeres.

- Pueden haber tenido una madre o una figura de autoridad que era dominante o insensible a ellos.

- Pueden haber tenido una novia que se aprovechó de ellos.

En respuesta al dolor y las heridas algunos hombres toman la decisión de no dejar nunca que una mujer obtenga ventajas de nuevo. La lista de razones es infinita, pero el resultado es que ellos están agotados de lidiar con mujeres agresivas y tienden a devaluar y a descontar a la mujer agresiva en una relación. Si un esposo tiene esta tendencia, él necesita descubrir el dolor del pasado que causó esta actitud y estar dispuesto a lidiar con ello para poder tener un compañerismo sano con su esposa.

Emociones femeninas

Otra razón por la que muchos hombres se sienten incómodos al relacionarse con las mujeres es que las mujeres reaccionan a las situaciones de manera tan diferente a los hombres. Por ejemplo: las mujeres, muchas veces, se expresan más emotivamente que los hombres. Podemos alterarnos emocionalmente por diferentes situaciones y, algunas veces, hasta lloramos. El "factor del llanto" muchas veces hace a los hombres sentirse incómodos y hasta incapaces de lidiar con nosotras. Su naturaleza es hacerse cargo de las situaciones de manera lógica, pero cuando las mujeres se involucran en la discusión, es posible que las cosas cambien drásticamente por el elemento de las emociones. Para algunos hombres, las emociones son ilógicas y retrasan las cosas; por lo tanto, concluyen que demanda mucha energía involucrar a las mujeres en sus discusiones. Es más, los hombres pueden sentirse confundidos y hasta enojados cuando piensan que ellos son la causa de nuestras lágrimas. El resultado es que algunos hombres han decidido excluir a las mujeres en lugar de aceptarlas y aprender a apreciar su contribución.

Las lágrimas durante una conversación eran un problema para Tom y para mí al principio de nuestra relación. Él y yo hablábamos de algo y yo podía empezar a llorar. Él notaba que yo estaba llorando e inmediatamente detenía la conversación para hacer lo que fuera necesario para arreglar las cosas esperando que mis lágrimas terminaran. Él estaba incómodo y totalmente desconcertado en relación a la razón de mi llanto, así que la conversación cambiaba del problema original que estábamos discutiendo al por qué lloraba. No queriendo causar más dolor, Tom terminaba nuestra conversación y empezaba a enfocarse en mis emociones y cómo superarlas. No era mi deseo terminar la discusión, pero no sabía cómo ayudarlo a procesar mis emociones y yo no podía evitar llorar.

Las emociones pueden ser impredecibles e intensas. Los hombres y las mujeres podrían llorar por situaciones similares, pero seamos sinceros: las mujeres lloran por cosas por las que un hombre jamás se le hubiera ocurrido. No hay vergüenza en el llanto. Llorar es una forma de sacar nuestras emociones y es una liberación sana de las emociones. Llorar no hace a las mujeres raras o más débiles que los hombres.

En respuesta a esta percepción, algunas mujeres han aprendido a tragarse sus lágrimas, ya sea en el matrimonio, en una amistad o, sencillamente, en una reunión. Se siente como si las lágrimas fueran ineficientes y atrasan las cosas cuando uno está tratando de obtener una solución. Hasta avergüenza, ya que llorar en una válvula de alivio para uno, ¡nadie más recibe ayuda de sus lágrimas! Y pueden llevar a discusiones emocionales porque las lágrimas son emotivas. Además, uno se siente tan vulnerable cuando llora, y las lágrimas provocan desarreglo, arruinan el maquillaje y dan dolor de cabeza. Entonces, ¿por qué hacerlo?

Es porque, a veces, su corazón se abre repentinamente y sus ojos se llenan con un líquido que no puede contenerse. Como mujeres, es importante que aprendamos a manejar nuestras emociones para que no interfieran con la comunicación. Pero también se necesita un lugar de libertad para poder llorar en una conversación sin descarrilarse.

Puede poner nervioso y más que sensible a nuestro esposo cuando respondemos a algo que él ha dicho o hecho, llorando. Recuerdo una discusión que Tom y yo teníamos cuando sencillamente, empecé a sollozar. Mortificado, Tom dejó de hablar y solo se quedó viéndome. Él no quería decir nada más que pudiera molestarme, así que no dijo nada. Lo miré y dije: "No puedo evitar el hecho de que estoy llorando en este momento porque me siento muy emotiva, pero estoy interesada en terminar esta conversación, de manera que ¿todavía podemos hablar aunque estoy llorando?". Tom estaba indeciso en continuar, pero continuamos la conversación y, finalmente, dejé de llorar. Estaba agradecida que fuera sensible y me dejara llorar porque yo no quería que el llanto fuera una distracción para la situación, sino solamente una liberación sincera de mis sentimientos.

Algunas mujeres se han aprovechado de su esposo cuando lloran para detener una conversación cuando se vuelve muy difícil o incómoda para ellas. Este comportamiento no es comunicación justa o sincera, es manipuladora. Podría traer una suspensión temporal de la discusión, pero no alberga patrones sanos de comunicación. La manipulación siempre crea barreras.

Por otro lado, hay mujeres que necesitan ser animadas a darse cuenta que llorar no es una enfermedad terminal que deba evitarse a toda costa, sino que ellas pueden continuar con la conversación a pesar de estar llorando. Es difícil, provoca desarreglo, es emotivo y toma un poquito más de tiempo revisar las cosas, pero una conversación no tiene que terminar solo debido a las emociones y las lágrimas.

Errores del feminismo

En lugar de apreciar y respetar la singularidad de nuestros géneros diferentes, muchos han menospreciado o denigrado las diferencias. Los juicios y los malos entendidos en relación a las diferencias de género solamente sirven para llevar más dolor y confusión a los matrimonios. Creo que esta es una de las razones por las que el movimiento feminista tocó una fibra tan sensible en nuestro país. Surgió de una sensación de que las mujeres estaban siendo tratadas por los hombres de manera injusta, y el movimiento empezó para cambiar esa perspectiva. Aunque pudo haber empezado con intenciones nobles, se ha desintegrado en un movimiento contra los hombres y contra la familia. En el movimiento feminista, las necesidades y deseos de las mujeres se han vuelto más importantes que aquellos de los hombres o los niños. Al elevar a la mujer, las feministas han denigrado a los hombres y su singularidad; al decir que somos iguales, ellas dicen que no tenemos necesidad del hombre. Estas mujeres han eliminado las cualidades únicas que cada género aporta a la relación con el fin de hacernos iguales.

Debido a que el feminismo ha definido tanto quién debería

ser una mujer y cómo debería verse, es difícil descubrir lo que significa ser femenina. Hay una gran diferencia entre ser una feminista y ser femenina. El feminismo no reconoce la feminidad en lo absoluto. De hecho, cuando hago una búsqueda de la palabra *feminidad*, ¿adivinen qué sale primero? ¡Feminismo! No feminidad. Debido a que hemos aprendido feminismo en lugar de feminidad, tenemos una generación de mujeres que no saben cómo ser fuertes, asertivas y, aun así, ser femeninas. El movimiento feminista nos enseñó a ser fuertes y capaces al tratar de pensar y actuar como hombres. Yo diría que, aun en su mejor día, un afeminado no puede pensar como una mujer, y en su mejor momento una mujer masculina no puede pensar como hombre. Estamos formados de manera completamente diferente. Si usted no teme mirar la situación sinceramente, es fácil identificar las diferencias entre los hombres y las mujeres. Ambos son únicos y maravillosos, y deben ser respetados por sus fortalezas y diferencias.

En el intento de hacer a los hombres y a las mujeres iguales desde todo punto de vista, hemos perdido la capacidad de ver el regalo que es la feminidad, para ambos, tanto mujeres como hombres. El género femenino es un género dado por Dios con diferencias físicas, emocionales y hasta intelectuales únicas a las del género masculino. Cualquiera debería darse cuenta que hay diferencias mucho más profundas que las distinciones anatómicas. Estas diferencias son las que han sido malentendidas y que nos han llevado a una relación adversa con los hombres en lugar de a una sociedad con ellos, donde cada uno de nosotros use sus fortalezas para ayudar a otros. Ambos géneros necesitan ser valorados y estimados para poder crear matrimonios y familias exitosas y sanas. Necesitamos aceptar que no nos parecemos en nada, sino que somos hechos para complementarnos mutuamente, no para ser como la otra persona.

Al comprender que somos diferentes, podemos celebrarnos mutuamente y tener compasión recíproca. Cuando entendemos que los hombres no están equivocados, que fuimos diseñadas para ser diferentes y que hay una buena razón por la que no somos iguales, eso nos coloca en un estado de asociación en lugar de que seamos adversarios.

Ventaja competitiva

Tom y yo somos primogénitos, estoy segura que eso juega un papel en la dinámica de nuestra relación. Ambos teníamos una perspectiva ingenua sobre las relaciones de que hay una manera correcta, una mejor manera, para llevar la vida conyugal, y cada uno de nosotros pensamos que nuestra propia manera era la mejor manera. Así que nos volvimos locos el uno al otro tratando de hacerlo bien, no de manera equilibrada, sino en la manera de lo correcto versus lo incorrecto. Cada uno pensó que si uno de los dos estaba en lo correcto, el otro estaba equivocado, y no vimos que podría haber situaciones donde ambos tuviéramos la razón, solamente era diferente. Hemos llegado a darnos cuenta que la manera de pensar "correcto versus incorrecto" es destructiva en una relación porque nos pone en una competencia para comprobar quién tiene razón; y en una competencia, hay un ganador y hay un perdedor. Si usted está ganando, entonces, su cónyuge está perdiendo. Y, en caso que no lo haya descubierto todavía, en el matrimonio, si uno de los dos está perdiendo, entonces los dos pierden. El matrimonio debería ser una relación gana-gana.

Si usted cambiara su manera de pensar acerca del conflicto y lo quitara de la idea que alguien tiene razón o está equivocado, podría empezar a ver a su cónyuge como compañero y no como oponente. Usted puede empezar a hacer los cambios que necesite para tener una relación satisfactoria; no descubriendo quién tiene razón y quien no, sino descubriendo lo que funciona en su relación.

Hablemos de usted

Quizá, al igual que yo, asumía que su esposo sentía lo mismo que usted, y encontrar que la realidad es diferente a lo que usted pensó puede ser muy sorprendente y doloroso. Permítame animarle, aunque la realidad sea diferente a lo que usted pensó, estas diferencias no tienen que terminar la relación. Es importante entender y aceptar que su esposo es muy diferente a usted. Él no siente de la misma manera que usted acerca de las cosas, y probablemente no va a reaccionar ante sus situaciones de la misma manera que lo hace usted, a menos que eso también sea su pasión, y aun así, su expresión por ello puede lucir diferente a la suya. Podemos aprender a apreciar la singularidad de nuestro esposo, mientras también aprendemos nuevas maneras de comunicarnos con ellos. Es importante para nosotros aceptar y respetar sus diferencias en la misma forma en que queremos que ellos acepten y respeten las nuestras.

Una vez acepté el hecho de que Tom no se iba a comunicar en la manera que yo pensaba que él debería, empecé a ajustar mis expectativas en nuestras conversaciones. En lugar de sentirme lastimada y frustrada que él no quería involucrarse en una sustanciosa discusión sobre las cosas, ahora tomo su falta de respuesta como una señal para mí de que necesito bajar la velocidad y dejar que él me alcance. Esto requiere práctica y paciencia; y yo no soy buena en ninguna de las dos cosas. Tuve que aprender a volverme sensible a sus sentimientos y a no justificar pasar sobre ellos en mi proceso de comunicación.

Cuando usted se frustra con su esposo, puede ser útil detenerse y recordar las cosas que la atrajeron desde el principio.

Esas podrían ser las mismas cosas que las están volviendo loca ahora. Lo que era tan atractivo para mí acerca de Tom era la forma en que me escuchaba, me afirmaba y estaba de acuerdo con lo que me apasionaba. Ahora, cuando lo veo más cerca, puedo ver que él nunca se involucró realmente en la pasión de mi diálogo; solamente escuchaba y aportaba algunos comentarios una que otra vez. Esto me dejaba en libertad de ser apasionada para compartir abiertamente con él.

Aun cuando usted haya tenido una revelación sobre un problema con el que estaba luchando, tomará tiempo cambiar la manera en que piensa y reacciona. Puede pensar que las cosas deberían cambiar y empezar a funcionar inmediatamente, pero toma tiempo y esfuerzo cambiar los pensamientos y comportamientos que han sido una parte arraigada, dañina, del matrimonio. Llegar a estar consciente de estos comportamientos y, luego, estar dispuesta a cambiar su manera de pensar y sus acciones es un paso significativo hacia tener el matrimonio sano que usted desea.

Detenerse a escuchar en el calor del momento es muy difícil de hacer a menos que se dé cuenta de este hecho: la forma en que usted dirige estos problemas de la relación con su cónyuge es más importante que los problemas en sí. Con cada conversación, usted está edificando una base de confianza y amor en su matrimonio. Si usted obvia las situaciones incómodas, con el tiempo, se presentarán como grietas en el fundamento de su matrimonio que lo hace susceptible a desmoronarse. Aprender cómo comunicarse con su cónyuge en medio del calor del conflicto es crucial por la salud de su relación conyugal. Podría tomar mucho tiempo y práctica: tratar, fallar y tratar de nuevo. La recompensa es que usted colocará una buena base para su relación para poder conectarse con su cónyuge y crear la relación que quiere y necesita para un matrimonio sano.

Capítulo 7

AHORA ME VES, AHORA NO ME VES

⤛ TOM ⤜

¿ALGUNA VEZ HA JUGADO AL ESCONDITE? La mayoría de nosotros jugamos eso cuando éramos niños. El juego de las escondidas es diversión inocente para los niños, pero se convierte en una amenaza al matrimonio. Como adultos, no podemos utilizar la negación y la evasión para esconder cosas en nuestra relación. No podemos acurrucarnos en una esquina, escondiendo nuestros sentimientos y motivos para evitar las situaciones incómodas o como un medio para lidiar con las heridas y el dolor. Si lo hacemos, albergaremos un ambiente de pensamiento subversivo. Nuestros intentos para esconder nuestros verdaderos sentimientos y presentarnos como algo que no somos, con el tiempo, levanta barreras entre nosotros que impiden una conexión profunda en nuestro matrimonio.

La negación pareciera ser un rasgo masculino, universal, que se llega a exagerar cuando se trata con dinámicas de comunicación pasivo-agresivas. La mayoría de los hombres aprenden a negar durante su desarrollo de niños a hombres. El proceso de desarrollo les enseña a negar y evitar sus sentimientos, añadiendo dosis variadas de orgullo, arrogancia, rechazo e invalidación como medios para desarrollar resistencia e independencia en un niño en su trayecto hacia convertirse en hombre. El subproducto involuntario crea una barrera contra la conexión y socava el establecimiento futuro de una relación verdadera e íntima con nuestra esposa. Necesitamos cambiar este proceso de desarrollo para los varones. Necesitamos ayudar a que los hombres que se han desarrollado bajo esas influencias aprendan cómo expresar sus emociones de manera abierta y apropiada en las relaciones, de manera que ellos puedan conectarse con sus esposas en de forma significativa y profunda. Estoy abogando por un equilibrio en nuestro desarrollo emocional y una sanidad de las heridas que recibimos de niños. Sugiero que cambiemos la manera que vemos lo que es aceptable para los hombres a medida que aprendemos cómo expresarnos y relacionarnos con nuestras esposas.

TODO EMPEZÓ EN EL PATIO DE JUEGOS

Aprendí a negar y a reprimir mis emociones durante mi transición hacia la edad adulta y, quizá, usted también lo hizo. Las expresiones emotivas de frustración, enojo y otras emociones negativas eran disuadidas por parte de una variedad de fuentes: familia, amigos y adultos que tenían influencia en mi vida.

Uno de mis primeros recuerdos de una expresión emocional que moldeó significativamente mi desarrollo sucedió cuando estaba en quinto año. Todos los días, durante el recreo del medio día, los niños de quinto grado jugaban a mantenerse alejados de los niños del sexto grado. El equipo que tenía la pelota cuando terminaba el recreo tenía la oportunidad de empezar con la pelota en el recreo del día siguiente. Además, ellos tenían derecho a presumir en la escuela por el tiempo que tuvieran la pelota.

Ya que yo era uno de los niños más grandes de quinto grado, constantemente me llamaban para "congelar" la victoria que tratábamos de asegurar. A medida que se acercaba el momento para que sonara el timbre, el más pequeño y rápido de los niños me daba la pelota, esperando que la retuviera contra el grupo de los niños de sexto grado, quienes jalaban, empujaban y atrapaban en el intento de quitarme(nos) la pelota en el último minuto del recreo.

Un día estaba pasando este escenario, y yo tenía la pelota. La estaba sosteniendo tan apretado como podía mientras una multitud de niños de sexto grado estaba haciendo todo lo que podían para quitarme la pelota. Yo sabía que faltaban minutos, tal vez segundos, antes de que sonara el timbre. La agarré tan fuerte como podía, contando los segundos, esperando desesperadamente que sonara el timbre. Yo podía sentir la pelota zafándose de mis manos y temía que podía perder la pelota y fallarle a mis compañeros de quinto grado.

En mi pánico, empecé a gritar airadamente y lanzando golpes por todas partes en un esfuerzo de quitarme de encima a los niños de sexto grado. El ruido que hice y mi reacción llamaron la atención de una de las maestras que estaba monitoreando el recreo y ella sopló su silbato. Para cuando ella llegó, yo estaba llorando mientras desahogaba el pánico y la frustración que sentía por la posibilidad de perder la pelota ante los niños de sexto. Conforme ella intentaba comprender lo que había sucedido, sonó el timbre y nos enviaron a clases. A través de todo el lío, nos habíamos quedado con el control de la pelota a pesar de mi estallido emocional, o quizá debido al mismo, esa era la buena noticia. La mala noticia era que yo había llorado. Los niños de segundo y tercer grado lloran, ¡pero no los de quinto grado!

A través de situaciones como esta el concepto de "los hombres no lloran" estaba siendo impreso en mi desarrollo masculino. Había fallado un examen de desarrollo en mi camino a la edad adulta, y había fallado frente a los niños de sexto grado, y ¡en el patio de juegos para que todos me vieran! Mi falla me enseñó a evitar la vergüenza negando mis emociones. Durante el resto del año escolar mi apodo fue Lloroncito Lane.

En respuesta a las bromas y la vergüenza relacionada que sentía, como niño de diez años, hice el voto de que nunca jamás nadie se volvería a burlar de mí. Cerré con llave la puerta a mis emociones. Sin embargo, no a todas las emociones. Risa, gozo, felicidad, todas las emociones positivas, eran completamente aceptables y se les permitía expresarse en mi vida. Fue la expresión de emociones negativas tales como ira, frustración, temor, inseguridad y decepción lo que había dejado bajo llave. Cualquier circunstancia que evocara esas emociones era recibida con negación y reflejada en declaraciones tales como: "No me importa", "eso no me molesta", "no sentí eso", o "eso no me lastimó". Todas eran las expresiones de negación durante mi crecimiento que tenían su raíz en la experiencia que tuve en el patio de juegos en quinto grado.

Volar por encima de la superficie de la verdad

Unos años después, mis hábitos de negación recién formados fueron más refinados mientras aprendía cómo se relacionan los hombres con las mujeres. Estaba saliendo con Jan Frazier, esa chica sorprendente que había conocido desde la secundaria, pero que ahora era mi novia. Quería aprender cómo relacionarme con ella de manera amorosa y cariñosa teniendo como objetivo final, el matrimonio. A medida que nuestro noviazgo progresaba, me involucré con su familia y las actividades que ellos compartían.

Una de las actividades favoritas de su familia incluía salir en bote. Ellos tenían un bote y disfrutaban ir al lago para tener un tiempo divertido juntos, en familia. Empezaron a incluirme en sus excursiones de un día a un lago de la región donde ellos navegaban. Me encantaba el lago y todas las actividades divertidas: esquiar, pasear en tubo flotante, disfrutar de los picnics y jugar en la playa. En cada actividad quería mostrarme dotado, con estilo, un verdadero hombre, digno del afecto de Jan y de la aprobación de sus padres. Estaba desarrollándome en mis conceptos de edad adulta y en toda circunstancia posible tratando de vivir bajo el código del macho: "Que nunca te vean sudar".

No importaba si nunca antes había hecho algo; no importaba si me sentía fuera de control mientras lo hacía o si me lastimaba haciéndolo. El código decía que uno tenía que mantenerse calmado y nunca revelar la naturaleza verdadera de lo que estaba pasando por dentro, independientemente de su tormenta interna.

El papá de Jan era un gran hombre y, definitivamente, alguien a quien quería impresionar. Generalmente, él manejaba el bote cuando íbamos a esquiar; pero su manera de manejarlo daba un poco de miedo. Cuando uno estaba esquiando, él jalaba el lazo del esquí para que uno lo pudiera agarrar, y cuando el lazo se empezaba a poner tenso entre uno y el bote, sin aviso, listo o no, él empujaba el acelerador; ¡uno salía del agua con o sin sus esquíes! De hecho, él era tan consistente en este movimiento que nuestra familia, ahora, se refiere a él como el "abuelo jalón", representando ese momento inesperado cuando ¡casi nos arrancaba los brazos cuando nos sacaba del agua! En aquellos días, cuando estábamos en el lago, si no estábamos esquiando, estábamos paseando en tubo. Hoy día hay algunos tubos verdaderamente grandiosos para jalar con el bote, grandes, donde puede acostarse completamente, y otros con forma de "L", en los que puede sentarse como un sillón reclinable mientras lo llevan paseando por todo el lago. No era así cuando empezábamos a pasear en tubo. Todo lo que teníamos era un tubo interior grande, inflado, de una llanta de tráiler, y un lazo amarrado para que pudiera jalarse detrás del bote. El tubo tenía una válvula larga, metálica, que salía del centro y que estaba diseñada para salir a través del aro del camión; también servía para inflar la llanta. Eran peligrosos para pasear en el lago debido a la válvula y el daño que podía causar cuando uno se recostaba en el tubo y era remolcado por el bote a una velocidad supersónica. El objetivo final del paseo en tubo era ver cuánto tiempo tardaba en ser lanzado fuera del tubo, creando el más espectacular caleidoscopio de eventos posible para el entretenimiento de todos los que estaban viendo desde el bote.

Cuando paseábamos en tubo, el papá de Jan manejaba el bote de manera consistente con la forma en que lo manejaba para esquiar. Cuando el lazo estaba casi tenso entre uno y el bote, no importaba si uno estaba en el tubo, listo o no, él iba a empujar el acelerador; así que mejor si estaba bien agarrado al tubo o ¡sería un viaje corto!

Con un agarre apretado, uno podía sostenerse mientras el bote aumentaba la velocidad y uno era sacudido de un lado a otro (esto se hacía con toda intención de lanzarlo fuera del tubo). Toda esta acción creaba emoción y placer para aquellos que miraban desde el bote. El objetivo era crear, en el justo momento en que uno era lanzado, una respuesta de *"ohh"* y *"ahh"*, seguida por la tensión de un grito ahogado momentáneo, donde todos en el bote esperaban que uno saliera a la superficie para ver si había sobrevivido. Cuando uno salía, había una risa de alivio y reacciones tales como: "¡Eso fue fantástico, diste vuelta cuatro veces después que te caíste!". "Parecía que se te había arrancado el brazo, ¿estás bien?" y "¿Quieres hacerlo otra vez?". Esa última pregunta exigía una respuesta, y este era el momento donde emergía el código macho. No importaba si a uno le habían sacado el aire mientras rodaba cuatro veces sobre la superficie del agua. No importaba si usted no podía levantar el brazo que por poco le arrancan al salir volando del tubo, usted todavía podía usar el otro brazo. Sin importar su condición, sin importar lo que estuviera sintiendo y que por poco lo noquearan, uno se subía una vez más. El código lo exigía.

La razón por la que uno dice sí se debe a la vergüenza que experimentaría si no lo hace de nuevo, por los comentarios sarcásticos que harían aquellos en el bote. Preguntarían cosas como: "¿Fue demasiado?, ¿podemos darte un jaloncito de nena, mejor?". Si uno mostraba inseguridad alguna o admitía algún dolor, ellos dirían algo como: "Aaaa, aaaa, ¿necesitamos llamar a la aaaaambulancia?". Sus burlas exigían otra vuelta, y sus palabras necesitaban una respuesta, sin importar la condición de uno, iban algo así: "¡Oh, por supuesto! Quiero ir otra vez, y esta vez, traten de hacerlo más rápido. ¡Vamos, muéstrame de lo que eres capaz!".

Una vez me lanzaron del tubo y, en el proceso, la válvula raspó mi estómago y mi caja torácica mientras saltaba de un lado al otro hasta que el tubo me lanzó al aire. Fue una caída espectacular que me lanzó del tubo para el deleite y disfrute de toda la familia y los amigos a bordo. Salí a flote encontrando expresiones de admiración y risa, la reacción de los hombres en el bote. Sentí la punzada de lo que pensaba que era un rasguño superficial de la válvula del tubo, sin embargo, volví a montarlo. Quería evitar cualquier burla, a pesar del hecho de que estaba lastimado por haber sido lanzado del tubo.

No fue sino hasta que regresé al bote y me quité el salvavidas que todos vimos una cortada sangrante en mi estómago y pecho. Para todos mis amigos, era una herida de guerra; pero para Jan y las demás mujeres, era un llamado para tomar el tubo con más calma; fueron solidarios y compasivos conmigo por mis heridas. Ambas respuestas tocaron una fibra emocional en mí. Mis amigos me dieron honor y respeto; Jan y las demás chicas, me cuidaron con afecto y ternura.

Experiencias como estas afianzaron un patrón de negación en mi vida y cerraron mis emociones, lo cual dificultaba mi capacidad de conectarme con Jan en asuntos que impactaban nuestra vida.

UNA PUERTA CERRADA CON LLAVE

Jan se expresaba de manera apasionada y emotiva, lo que yo interpretaba como excesivamente dramático. Me sentía mal preparado para saber cómo conectarme con sus emociones y estas me hacían sentir incómodo. Mis respuestas eran controladas, pasivas y cerradas, lo cual me parecía consistente con el código masculino. Mis experiencias me habían convencido que las expresiones emotivas y apasionadas eran señales de debilidad en los hombres y, en las mujeres, de que son raras. Lo mejor que podía hacer era escuchar de manera pasiva. No podía identificarme, conectarme ni ofrecer ninguna interacción significativa.

Esto no hizo nada para profundizar nuestra conexión

conyugal. Jan era una mujer apasionada, expresiva, tratando de conectarse conmigo con cosas o situaciones. Yo era un hombre pasivo, que negaba mis emociones. La conexión era difícil y frustrante para ambos. Jan hacía muchos intentos infructuosos para sacar mis emociones y sentimientos en los diferentes temas. Ella me veía navegar a través de una situación difícil y preguntaba: "¿Cómo te sentiste?". O me hacía una pregunta aún más paralizante: "¿Qué sientes en este momento?". Debido a la puerta cerrada con llave de mis emociones, mi respuesta siempre era: "No sé". Si ella insistía, sugiriendo que hiciera una pausa y me pusiera en contacto con mis sentimientos, yo respondía: "¿Por qué?", y continuaba, "si me pongo en contacto con ellos, no cambiaría nada. Es lo que es".

Mi Fuerte Knox emocional tenía un letrero enfrente, que decía: "¡Nadie entra!". Ni siquiera yo. Al no permitir el ingreso a nadie, no había una conexión intencional, profunda, sobre temas emocionales entre Jan y yo en relación a las circunstancias que impactaba nuestra vida. Esta falta de intimidad emocional provocaba una barrera que ninguno de los dos quería, aun así mi negación la mantenía en su lugar.

Por poco...

Cuando nuestros hijos eran pequeños, éramos miembros de una piscina comunitaria. Muchas veces, llevábamos a los niños a nadar por las tardes, después del trabajo, o en el fin de semana durante el calor vespertino. Nos registramos y yo llevé a nuestro hijo, Todd, al vestidor para cambiarlo. Jan asumió que Lisa, nuestra hija más pequeña, quien tenía casi cuatro años de edad, se había ido con nosotros al vestidor. Cuando Todd y yo salimos sin Lisa, Jan preguntó dónde estaba. Cuando dije que no sabía, ella, entrando en pánico, volteó su atención hacia la piscina, buscando detenidamente a Lisa entre la muchedumbre. Entonces, vio a Lisa, de espaldas, varios centímetros bajo el agua, justo debajo del puesto del salvavidas. Saltó y levantó a Lisa sacándola a la superficie, la volteó con un movimiento rápido mientras aún estaban en la piscina para poder golpear su espalda y sacar el agua que Lisa había tragado. Aunque sucedió en pocos segundos, parecía como una eternidad antes de que Lisa finalmente, tosiera, empezara a escupir agua y tratara de respirar. En los segundos que transcurrieron, estaba confundido viendo a Jan saltar a la acción. Cuando comprendí que Jan estaba reaccionando a una situación de ahogo con Lisa, salté al agua con ellas y saqué de la piscina a una Lisa que tosía y lloraba, la cubrí con una toalla y la puse en los brazos de Jan para que la consolara. Jan estaba completamente sorprendida por lo que acababa de pasar. Ella estaba pasando por las emociones en reacción automática.

Era increíble que Lisa por poco se ahogara en esos pocos minutos. Sin embargo, fiel a mi naturaleza de negación sobre problemas emocionales, hice una rápida evaluación de las cosas. Todo aparentaba estar bien. Así que le dije a Jan: "Bueno, ya que todo está bien, voy a llevar a Todd a nadar". Lisa todavía estaba llorando en los brazos de Jan, pero estaba respirando y todo estaba bien, según mi evaluación superficial. Mi negación me dijo que la crisis había pasado, que la catástrofe se había evitado y la vida podía continuar como antes. No era necesario hacer una pausa y procesar el trauma emocional que acabábamos de experimentar.

Yo estaba en fase de negación, pero Jan estaba en *shock*. Estaba estupefacta por lo que acababa de pasar y aún más aturdida por mi reacción a la tragedia que por poco hubiera sucedido. En un tono controlado, pero apasionado, dijo: "Si no nos vamos en este momento voy a perder la compostura, aquí mismo, frente a todo el mundo. Mejor si no vas a ningún lado y me llevas a casa".

Así que recogimos nuestras pertenencias y salimos de la piscina ante la mirada de muchos. Cuando llegamos a casa, Jan fue inmediatamente a la habitación y lloró desconsoladamente mientras yo estaba en la sala entreteniendo a nuestros hijos. No sabía exactamente cómo entender sus emociones. Todo estaba bien, ¿no era así? Lisa estaba viva y actuaba normalmente. ¿Qué era lo que había que procesar? Podemos seguir adelante, estamos bien, ¿cierto?

Jan finalmente vino a la cocina y se sentó a comer con nosotros. Todd le preguntó por qué estaba llorando. Ella le dijo que las mamás simplemente lloran algunas veces. Él dijo: "Oh, pensé que era porque Lisa casi se ahoga".

¡Ahí está; nuestro joven hijo estaba más en contacto con toda la situación, que su padre!

Yo estaba paralizado por la negación e incapacitado para actuar con sensibilidad y apoyo hacia mi esposa. No tenía idea alguna y estaba ciego ante el impacto de las circunstancias emocionales por las que acabábamos de pasar. Mi familia y yo habíamos sido emocionalmente impactados por lo sucedido, pero la negación arraigada se interponía en mi capacidad de reconocer esa realidad. Aún más trágico era mi incapacidad de conectarme con mi esposa sobre tal evento emocionalmente impactante en nuestra familia.

DESPUÉS, EL GOLF

Después de graduarme de la universidad, mientras estábamos en los primeros años de nuestro matrimonio, vivíamos en la Ciudad de Oklahoma. Nos involucramos en una iglesia y desarrollamos amistades muy cercanas con parejas de nuestra edad que también tenían hijos de la misma edad de los nuestros. Crecimos en nuestra relación con Dios y con nuestras amistades mientras vivíamos allí, pero era un tiempo sin conexión en nuestro matrimonio. Yo era nuevo en mi carrera, así que trabajaba muchas horas. Teníamos un solo carro que yo usaba para ir al trabajo y dejaba a Jan varada en nuestro apartamento con dos niños pequeños.

Encima de eso, yo era muy egoísta. Cuando mis amigos de la iglesia me invitaban a jugar golf los sábados, yo aceptaba sin conversarlo con Jan. Yo sabía que si le preguntaba a Jan, ella se opondría, habiendo estado encerrada en el apartamento durante toda la semana con dos niños y sin carro. Yo sabía, por instinto, que su objeción se convertiría en dolor y enojo debido a mi insensibilidad. Pero eso no me detuvo. Jugaba golf casi todos los sábados.

Jan interpretaba mi egoísmo y deseo de estar con mis amigos como una decisión de no estar con ella y con los niños. ¿De qué otra manera podría haberlo visto, cierto? Pero yo no me sentía así, para nada. Me decía a mí mismo que solamente necesitaba un poco de tiempo con amigos. Pensé que podía dar cabida a ambas cosas. Era como quedar bien con todo el mundo. Yo justificaba mi egoísmo pensando que estaría bien ya que yo iba a jugar golf temprano, en la mañana, y llegaría a casa en la tarde a pasar el resto del día con ella y con los niños.

Buscaba evitar el conflicto que yo sabía que sucedería entre nosotros al no involucrarla en la decisión. Inocentemente, pensé que al no mantenerla al tanto de mis planes sino hasta el último minuto, evitaría el conflicto entre nosotros. Muchas veces, ni siquiera era yo quien le contaba de mis planes, ella se enteraba a través del comentario de alguno de mis amigos o lo descubría a través de una conversación con las esposas. Mi ingenuo intento para evitar el conflicto resultó lastimando a Jan a través de mi insensibilidad, egoísmo y mi falta de honestidad. Al final, no se evitó el conflicto en lo absoluto. Un día, Jan me dijo: "No creo que sea justo que te vayas todo el día y luego, también, medio día del sábado". En lugar de reconocer su punto y agradecer su compromiso con nuestra familia, pensé que estaba en contra de mi oportunidad para relajarme y divertirme después de toda una semana ocupada. Ella, sencillamente, señalaba que teníamos muy poco tiempo juntos, como familia. Ella quería opinar en la decisión de si debía o no ir a jugar golf, pero yo protesté diciéndole que mis amigos podrían pensar que yo no tenía autoridad si les decía que tenía que obtener su autorización antes de darles una respuesta. El orgullo me mantuvo encerrado entre una respuesta evasiva y la insensibilidad egoísta. En lugar de aceptar un proceso de asociación que incluía a mi esposa en los temas que impactaban nuestra familia, yo evitaba las conversaciones incómodas necesarias para llevarnos a la unidad y al acuerdo.

Después de unos meses de este proceso de evasión, negación y egoísmo, nos sentamos a discutir mi actitud, que había llegado a ser algo imposible de obviar. Yo negocié un trato, estoy seguro de que así fue como Jan lo percibió, que me permitía jugar golf con mis amigos dos veces al mes.

Pero los socios no negocian. Ellos se comunican, comprometen y apoyan la visión y los deseos mutuos mientras trabajan juntos en objetivos comunes.

Pensé que estaba optando por la mejor dirección que minimizaría nuestro conflicto al esconderle información a ella, mentirle y defender mi comportamiento cuando lo que ella deseaba era tener derecho de opinar sobre los compromisos que yo hacía en los horarios que afectaban a nuestra familia. Me justificaba, pero era un terrible error de juicio con base en el engaño que operaba en mi vida, uno que no tenía un buen efecto en la intimidad y unidad en nuestra relación.

SE RESUME EN NEGACIÓN Y EVASIÓN

He visto este proceso de negación y evasión repetido por otros hombres en su matrimonio, con los mismos resultados negativos. ¿Por qué pensamos que al retener información, mentir o relacionarnos a través de comunicación polémica y defensiva podríamos evitar el conflicto? La respuesta es porque estamos cegados por la negación. Es más, a través de la negación permitimos a la evasión construir una barrera que estorba nuestra unidad. La evasión no es más amiga nuestra que la negación; esta también debe ser separada de cualquier influencia en nuestra vida.

La evasión puede tomar la forma de insensibilidad a las circunstancias, como lo hizo conmigo aquel día en la piscina o en la forma en que hacía planes para jugar golf sin consultar a Jan. También puede ser una reacción al conflicto en su relación. El conflicto crea un drama que afecta nuestras emociones. Mientras la negación busca controlar el efecto del drama minimizando su influencia, la evasión busca bordear las emociones desarrolladas por el drama a través de mentir, ocultar detalles importantes y eludiendo el proceso del diálogo abierto y sincero. Lo hacemos en la falsa creencia de que nuestras acciones evitarán que el conflicto suceda. En el corto plazo, podemos retrasar el conflicto con nuestros esfuerzos, pero en el largo plazo, la evasión limitará nuestra conexión con nuestro cónyuge y reprimirá el desarrollo de la intimidad en nuestro matrimonio.

Muchos hombres no están dispuestos a lidiar con sus emociones. Tampoco están dispuestos a dar los pasos necesarios para abrir la puerta emocional en su vida. En lugar de eso, optan por la expresión inferior de negación y evasión, creyendo que eso es una verdadera expresión de la masculinidad. Por favor, no se conforme con esta respuesta. Esta solamente permite que la barrera de la desconexión permanezca en su matrimonio.

Hablemos de usted

Si se ha cerrado a sí mismo a la pasión y a la emoción, ¿no es tiempo de cambiar? Si hay una barrera entre usted y su esposa, que está evitando la conexión que desean, ¡no se rinda! La negación podría ser la responsable, pero puede eliminarse. Su evasión podría estar sumando a la desconexión que siente, pero esta también puede ser sacada de su relación.

Empiece abriendo la puerta a las emociones en su vida. Desacredite el lema del machismo que le fue dado cuando era niño. Acepte una nueva definición de hombría. Deje de darle lugar a la negación y abra su corazón al descubrimiento y la expresión. Descubra lo que hay en su corazón al preguntarse y responder cosas como: "¿Cómo me sentí cuando...?" o "¿Qué estaba pensando cuando...?". Supere los conflictos que puedan suscitarse mientras aprende a expresarse con sinceridad. Asóciese con su esposa en este intento. Sus esfuerzos combinados destruirán las barreras que se han desarrollado, abriendo un camino para que llegue una nueva y profunda conexión a su relación.

Capítulo 8

LA PALABRA CON "S"

 JAN

E N LAS SEIS DÉCADAS QUE LLEVO EN ESTA TIERRA, HE llegado a la conclusión que, realmente, no me gusta la religión. No se sorprenda, soy la esposa de un pastor y me encanta la iglesia y me encanta la gente, pero lo que encuentro desagradable es lo que representa la religión: un conjunto de roles y reglas que necesita seguir para obtener la aprobación de Dios. Yo no creo que el amor de Dios por nosotros dependa de nuestras reacciones. Él no nos ama más si seguimos todas las reglas y lo hacemos bien. Nos ama sin importar qué, porque Su naturaleza es amor. Él nos da instrucciones para vivir correctamente porque sabe qué es lo mejor para nosotros, y Él sabe qué nos dará la mejor oportunidad para tener éxito en la vida.

Para mí, lo que la religión dice es que si usted sigue ciertas reglas, Dios le amará. Si no las sigue, Dios le odiará. ¡La religión nos hace un pueblo pretencioso! No se trata de ser religioso, se trata del corazón. La religión es una carga para que nosotros vivamos según sus normas. La religión tiene a Dios completamente resuelto, todo agradable y ordenado. Hace que la gente sienta como que hay algo que puede hacer para ganarse el amor de Dios. Sin embargo, tener una relación con Dios no es así, en lo absoluto. Las relaciones no son agradables y ordenadas; son complicadas y tendrán altos y bajos, pero nosotros siempre estamos buscándolo a Él y creciendo y aprendiendo de Él. Se trata de tener una relación creciente y amorosa con el Creador.

Así que cuando hablo acerca de la sumisión en este capítulo, quiero hacerlo de manera que no suene a religión. Quiero que usted lo escuche a través de oídos que no han sido lastimados por enseñanzas o sermones que le hayan desanimado o confundido. Yo sé que para muchas de nosotras, la sumisión se ha convertido en "la palabra con 'S'". Espero animarla con lo que Dios enseña acerca de tener un buen matrimonio a través de la práctica de la sumisión.

LO QUE NO SIGNIFICA

Si ha estado en la iglesia por mucho tiempo, probablemente ha escuchado esta declaración: "Se supone que el esposo sea la cabeza del hogar". Mucha gente piensa que eso es lo que la Biblia dice. En mis primeros años de aprendizaje acerca de cómo ser una esposa piadosa, indudablemente me enseñaron que se supone que el esposo sea la cabeza y el líder del hogar, el sacerdote y el rey del castillo.

Tal como compartí en un capítulo anterior, eso significa que empecé a creer que se suponía que yo dejara a Tom ser líder en todo: cada decisión y en cualquier dirección para nuestra familia. Aunque me quedaba en casa con los niños y sentía tener una buena perspectiva de las cosas, él tenía que tomar todas las decisiones. De manera que cuando las decisiones necesitaban tomarse, yo le daba información a él, luego él tomaba la decisión y yo me sometía.

Cuando Tom no lideraba como yo pensaba que debía hacerlo, yo le señalaba las cosas que necesitaban atención y trataba de animarlo a tomar el liderazgo. Yo tenía ideas acerca de lo que debía hacerse, y Tom, sencillamente, no veía las cosas igual que yo. Cuando él no tomaba el liderazgo, me frustraba con él por no ser un buen líder. Cuando sucedía algo de lo que él debía ocuparse, yo oraba y oraba por ello y lo dejaba en las manos de Dios como pensé que debía hacerlo una esposa sumisa. Cuando él no hacía nada por eso, lo que yo temía que podría pasar, *pasaba* realmente, y me enojaba con Tom por no haber tomado el liderazgo como se suponía que lo hiciera. Ahora, parece un poco tonto este intento de posicionarme en un lugar que ni siquiera fue diseñado para mí, pero yo estaba tratando de hacer las cosas de la manera correcta.

Entonces, un día una buena amiga y yo estábamos hablando durante el almuerzo, y ella me compartía acerca del daño que se ha hecho a los hogares y matrimonios a través de enseñanzas equivocadas sobre la sumisión. Ella dijo que, algunas veces, los hombres son líderes buenos y fuertes, pero algunas veces, no lo son. Quizá la esposa es, por naturaleza, una mejor líder, pero ella cree que se supone que su esposo tome el liderazgo, por lo tanto, ella pone una carga sobre él que él no está equipado para soportar. Su don no está en el liderazgo, aun así está siendo colocado en esa posición. Cuando él no lidera de manera efectiva y ella sabe lo que se debe hacer, ella podría frustrarse con él o tratar de presionarlo e incitarlo a la acción. Esto causa fricción entre ellos, y ella se ve constantemente frustrada y decepcionada de que su esposo no esté tomando el liderazgo en el hogar que debería tomar. Ninguno de los dos queda satisfecho con el rol que se les ha dado.

También hay una escuela de pensamiento que dice que, como cabeza del hogar, el esposo debe manejar todas las finanzas. Esto está bien en tanto él sea un buen administrador del dinero. Pero cuando él no sabe cómo manejar bien el dinero, puede haber consecuencias desastrosas. Si la mujer tiene más talento en el manejo del dinero, hay que dejar que lo administre ella. Si ella es una mejor líder, entonces que lidere. Debe haber respeto y reconocimiento mutuo, no competencia, por nuestros dones y talentos únicos. Si uno mira los matrimonios exitosos, encontrará parejas que han descubierto lo que funciona para ellos. No están bajo el peso de las reglas y los roles que otros tratan de imponerles.

LO QUE SÍ SIGNIFICA

Esta enseñanza donde el esposo es la cabeza del hogar distorsiona lo que la Biblia enseña en realidad acerca de la estructura de la autoridad en el hogar. Efesios 5 empieza diciéndonos que sigamos el ejemplo de Dios y que andemos en amor. El versículo 21, nos da una descripción de cómo debería funcionar esto en el hogar. Dice que debemos someternos unos a otros en respeto y amor por Dios. El siguiente versículo dice que las esposas deben someterse a sus maridos porque el esposo es la cabeza de la esposa. No dice que él sea la cabeza del *hogar*, como mucha gente cree. Él es la cabeza de su *esposa*. Eso significa que nuestro esposo está en la posición de ser nuestra cabeza o quien nos cubre, nuestro protector. Nos sometemos a él como un reconocimiento de su posición de autoridad en nuestra vida y como una respuesta de fe al orden de Dios en el matrimonio.

Luego, el pasaje indica que los esposos deben amar y cuidar a sus esposas como Cristo nos amó y se entregó a Sí mismo por nosotros. Dice que la actitud de un hombre debería ser de sacrificio por su esposa y que es así como un hogar sano, lleno de fe, funciona mejor. El pasaje jamás instruye a los esposos a *ser* la cabeza de la esposa. Sino, dice que él *es* la cabeza de su esposa. Esto no es algo que él tenga que hacer; es algo que simplemente es. Me estremezco cuando escucho a un hombre decirle a su esposa: "Tienes que someterte a mí porque yo soy tu esposo". Eso me dice que algo no está bien en su relación. Somos socios en el matrimonio y buscamos lo mejor el uno para el otro. Comprender este punto clave le ayudará a colocar el fundamento para una relación verdadera, saludable y exitosa.

Mi problema era que yo trataba de hacer las cosas que se parecían a la sumisión, pero que no era yo misma en lo absoluto. Trataba de imitar a las mujeres que eran puestas como ejemplo de mujeres sumisas, pero ellas no se parecían a mí. Generalmente, ellas eran calladas y complacientes, y yo ni siquiera podía identificarme con eso. Empecé a llevar una carga de frustración y descontento, sintiendo como si siempre estuviera echándolo todo a perder. Me preocupaba que lo que estaba haciendo no pareciera sumisión y que no complacía a Dios.

Este tipo de pensamiento me metió en un círculo de preocupación, desempeño y fracaso. Estaba fracasando en vivir según un parámetro, así que me esforcé más para tener éxito. Después de múltiples errores, llevaba un peso en mi subconsciente en todo momento, un peso que decía que estaba defraudando a mi esposo, a los demás y a Dios. Esto no tuvo un impacto positivo en mi vida.

Creo que hay enseñanzas muy buenas acerca de ser sumisas con nuestro esposo, pero también hay otras enseñanzas raras que no reflejan el corazón de Dios. Si siente que constantemente está fallando y siendo derrotada, le puedo asegurar que eso no es lo que Dios le está diciendo a usted. Nuestra situación nunca carece de esperanza cuando Dios habla. Cuando

Dios habla, siempre hay ánimo, afirmación y una manera para cumplir con Su deseo sin sentirse aplastado como un insecto. Cuando escucha una enseñanza, esta puede redargüirla y darle un deseo de cambio, sin embargo, una verdadera enseñanza siempre traerá una sensación de esperanza y afirmación si es que esta proviene de Dios. Si nuestro deseo es seguir a Dios y hacer las cosas según Su voluntad, Él no nos hará sentir indignos o incapaces. Él nos trae ánimo y paz en el proceso.

La clave para comprender la sumisión es darse cuenta de que es un principio básico de la vida. Todos estamos bajo una autoridad de algún tipo y se nos manda a someternos, como un empleado a su jefe, como un ciudadano a la policía, como un estudiante a su maestro, o como contribuyente a la entidad de administración tributaria local. Todos tenemos áreas en nuestra vida que tenemos que someter a alguien.

¿Por qué es importante la sumisión en el matrimonio? Es la clave de la unidad y la armonía en las relaciones humanas. Desde el principio, Dios colocó una estructura de autoridad para que Él pudiera llevar a cabo Su voluntad sobre la tierra y en nuestra vida de manera efectiva. La sumisión a nuestro esposo tiene que empezar con la sumisión a Dios. Si no comprendemos la autoridad de Dios y la Escritura, no es posible que vayamos a poder someternos a nuestro esposo. Es algo que requiere fe y respeto a medida que le permitimos a alguien más tener la última palabra en las decisiones que afectan nuestra vida.

¿QUÉ RELACIÓN TIENE LA AUTORIDAD CON LA SUMISIÓN?

El aprendizaje para someterse a la autoridad debería empezar cuando somos niños. Aprendemos a obedecer a nuestros padres, maestros, policías y otros. Cuando a los niños se les enseña el concepto de someterse a la autoridad, es más fácil para ellos someterse después en la madurez de la vida. Si nosotros mismos no entendemos la importancia de la sumisión, será muy difícil enseñársela a nuestros hijos. Yo tenía una relación con Dios desde una temprana edad y aprendí a escuchar Su voz y a obedecerle, pero no entendía el concepto de autoridad. Aunque amaba a Dios, yo no comprendía la sumisión en el matrimonio (ni lo bueno y lo malo de ello) hasta años después de estar casada.

Crecí en los años sesenta, cuando se estimulaba la rebeldía. Era muy popular la idea de desafiar a la autoridad. Recuerdo que un par de nuestros maestros en la escuela superior hasta nos animaban a debatir con ellos acerca de diferentes temas. Era como un rito de iniciación a la edad adulta. La sumisión no era respetada ni valorada en nuestra cultura. La expresión propia lo era. En lo personal, no tuve problema alguno en someterme a la autoridad, siempre y cuando estuviera de acuerdo con ella. Sin embargo, no tenía miedo de desafiar las reglas si pensaba que no eran razonables. No era el tipo de chica rebelde que despreciaba la autoridad; pero, definitivamente, no tenía una comprensión clara de la autoridad o de cuál debía ser mi actitud hacia las figuras de autoridad en mi vida.

Llevé esta ignorancia de lo que era la autoridad a mi matrimonio. Cuando empecé a escuchar acerca del papel de sumisión de la esposa a su esposo, no tenía una experiencia de vida con qué compararla, así que, con frecuencia, reaccionaba confundida y resentida ante la enseñanza y ante Tom. Siendo una mujer de fe, comprendía la obediencia a Dios. Pero como mujer asertiva, era confuso descubrir cómo debía ser la sumisión a mi esposo.

La sumisión al esposo de uno comienza con la sumisión a

Dios. El núcleo de la sumisión es confiar verdaderamente en Dios, que Él tiene el control, que Él nos conoce, que Él sabe lo que es mejor para nosotros y que Él tendrá cuidado de nosotros. Cuando entendemos la sumisión a la voluntad de Dios, que Él nos ama y quiere lo mejor para nosotros, la sumisión se vuelve cómoda y gratificante.

Básicamente, necesitamos saber que la sumisión no se trata de cambiar nuestras personalidades. Sino que se trata de una postura que llevamos en la relación hacia la otra persona. Dios nos creó con personalidades, fortalezas y debilidades diferentes. Algunas personas tienen personalidades fuertes y algunas, personalidades más dóciles. Es posible que muchas veces haya notado que a una personalidad fuerte y asertiva parece tener más dificultad en someterse a la autoridad de lo que una personalidad más quieta y dócil. Sus acciones son notorias. Pero no siempre se puede juzgar por las apariencias. Si usted ha observado a las personas durante mucho tiempo, se da cuenta que algunas personas muy calladas, aparentemente dóciles ¡no son del todo sumisas! Ellos sencillamente hacen las cosas según su voluntad, callada y sutilmente, lo cual no es tan obvio para quienes los rodean. La sumisión es una actitud del corazón y no siempre se ve igual en todas las personas.

Sumisión significa darnos cuenta que podemos ser nosotros mismos, pero que optamos por no tener la última palabra en el resultado. Eso significa reconocer que alguien más tiene autoridad sobre nosotros. En nuestro matrimonio, ese es nuestro esposo. Él es nuestra autoridad. Repito, este sistema no fue puesto por Dios para aprisionarnos, sino para protegernos. Tampoco está puesto porque nosotras seamos tontas y nuestro esposo brillante, o porque no seamos capaces o inferiores. Dios nos dio esta estructura por el simple hecho de que toda institución que existe debe tener una estructura para poder funcionar y desarrollarse efectivamente. El matrimonio no es la excepción.

¿QUÉ PASA SI USTED NO ESTÁ DE ACUERDO?

Entonces, si debemos someternos a nuestro esposo, ¿eso significaría que nunca estamos en desacuerdo? ¡Eso es absurdo, por supuesto que tendrán desacuerdos! Si estuvieran de acuerdo en todo, uno de ustedes sería innecesario. El desacuerdo no es el problema. Es cómo discrepamos lo que puede traer conflicto y división. Si usted es una mujer apasionada, entonces, probablemente usted discrepa apasionadamente. Muchas veces reaccionamos apasionadamente contra nuestro esposo, lo cual podría ser intenso. Pero comprenda esto. Una reacción es nuestra respuesta inicial. No tiene filtro ni control. Sin embargo, nuestro objetivo es aprender a *responder* a lo que se está hablando o haciendo versus *reaccionar* a ello. Eso significa tomar un minuto para evaluar lo que se está diciendo antes de que reaccionemos. La diferencia entre reacción y respuesta es detenerse a pensar. Yo todavía estoy trabajando en eso.

Parte de tener un corazón sumiso es renunciar a la necesidad de tener razón siempre. Para aquellos de nosotros que pensamos que nuestra manera es siempre la mejor manera, generalmente se necesita un poco de convencimiento para que veamos qué otra manera también podría ser aceptable. Pero podemos aprender a detenernos, alejarnos de la situación y ver las cosas desde el punto de vista de nuestro esposo.

La sumisión no significa que usted simplemente detiene la discusión y dice: "Tienes razón. Obedeceré". Eso no es sumisión verdadera. Una relación verdadera con Dios y con su esposo incluye un diálogo en dos vías. Lo que la sumisión requiere es que usted respete a su esposo cuando está en desacuerdo con él. Usted podría tener una razón válida o podría estar, completamente, en lo correcto según su perspectiva, pero parte del proceso de ser una ayuda para su esposo es darle información o ideas que él pueda recibir sin que sea exigente. ¡Hasta podría descubrir que él tiene una mejor perspectiva que la suya! Si tenemos un corazón sumiso, nuestro esposo se sentirá seguro con nosotras y podrá escuchar lo que tengamos que decir.

Cada matrimonio tiene sus propias dinámicas y es muy singular debido a nuestras personalidades diferentes y las diferentes etapas del matrimonio en que estemos; por lo tanto, la sumisión se verá un poco diferente en cara relación y en cada etapa. Aprender a comunicar apropiadamente, nuestros sentimientos, en amor y respeto, es la clave para crecer juntos. Al darnos cuenta que la sumisión a nuestro esposo es idea de Dios, podemos aprender, por voluntad propia, cómo llevarla a cabo en nuestro matrimonio.

Seamos sinceros en cuanto al control

La sumisión no solamente es renunciar a la necesidad de tener razón; sino que además, se trata de renunciar al control. Para muchas mujeres, quietud y confianza son las cualidades más difíciles de alcanzar. Nos sentimos fuertes y seguras cuando podemos manejar nuestra vida y el entorno y cuando las cosas van como queremos. Creo que es importante identificar cómo son las tendencias controladoras. Usted podría ser controladora si:

1. La gente le dice que es controladora.

2. Se enoja cuando las cosas no salen como usted quiere.

3. Agrede verbalmente a la gente que no está de acuerdo con usted.

4. Trata de cambiar a las personas a su alrededor en contra de la voluntad de ellos.

5. No soporta ser desafiada por nadie.

6. Deja de ser afectiva y trata con "la ley del hielo" a la gente con la que está enojada.

7. Se siente obligada a decirle a los demás lo que hacen mal, pero no puede escuchar las críticas acerca de usted.

8. Siempre piensa que la única manera de hacer las cosas es la suya.

Creo que muchos de nosotros tratamos con problemas de control. Estas tendencias pueden salir en cualquiera, y es posible que ni siquiera nos demos cuenta que estamos siendo controladores. Pero si no reconocemos que tenemos problemas de control, no podremos relacionarnos con nuestro esposo en una forma sana. Nuestro objetivo es tener corazones sumisos. Queremos que nuestro esposo confíe en que seremos sinceras y honestas con ellos, y que confiamos en los resultados de las decisiones que tomamos. Libremente, escogemos tomar una posición de sumisión a nuestro esposo para honrar su lugar en nuestra vida. Necesitamos dejar atrás la pregunta de quién es el jefe y ver un panorama más grande. Aunque somos iguales con nuestros esposos, voluntariamente, dejamos la igualdad a un lado para honrar a Dios y a nuestro esposo.

El amor es el máximo motivo para la sumisión. Si nuestra sumisión incluye algún temor que no sea el temor a Dios, necesitamos reconocerlo y tratar con los problemas que están causando ese temor. Estos podrían ser: temor al rechazo, temor al conflicto, temor a disgustar, temor al abuso, temor a fallar o cualquier otro montón de temores.

Tomamos posición bajo nuestro esposo para expresar nuestra confianza en Dios y amor por él. Es difícil confiar en alguien que es imperfecto, pero nuestra confianza crecerá mientras vemos cómo Dios obra en nuestro matrimonio. Nuestra confianza crece cuando nos comunicamos con nuestro esposo y escuchamos sus palabras y su corazón. Para conocer verdaderamente a la otra persona y aprender a confiar en él a través de la sumisión, debemos estar dispuestas a comunicar nuestros pensamientos internos, sentimientos, motivos y valores el uno al otro. La confianza crece solamente en un ambiente de compromiso. Crece en una atmósfera de leal confirmación. Se desarrolla en la comunicación abierta y sincera.

HABLEMOS DE USTED

Como he dicho, la sumisión era algo confuso para mí. ¿Cómo le va con el tema de la sumisión en su vida? La palabra *sumisión*, ¿le provoca un nudo en el estómago o la enoja? Es posible sentir temor de la sumisión si uno comprende la esencia del problema. ¿Comprende o cree sinceramente que Dios obrará en su vida a través de su corazón sumiso? Puede ser aterrador o libertador, dependiendo de su percepción de lo que Dios le pide.

Usted tiene la oportunidad de tener un matrimonio lleno de paz y éxito si es diligente para aprender la verdad acerca de la sumisión. Aunque que la paz es nuestro objetivo final, no podemos llegar allí quedándonos calladas. ¿Hay una comunicación buena y sincera, en su matrimonio? ¿Puede expresar su punto de vista junto con sus preocupaciones sobre las situaciones que usted y su esposo están enfrentando? Recuerde, fingir que está de acuerdo con las cosas que no apoya en su interior, no es sumisión. La verdadera sumisión se trata de comunicarle a su esposo sus sentimientos y deseos sinceramente y luego ceder su derecho de que las cosas se hagan como usted desea. Mientras aprende a andar en este camino, le sorprenderá cuánta paz puede traer a su vida y a su matrimonio.

Capítulo 9

¿CUÁL PUERTA ELEGIRÁ?

≈⊷ TOM ⊶≈

UANDO ERA NIÑO, *LET'S MAKE A DEAL* [HAGAMOS un trato], era un programa de juego muy conocido que se transmitía por televisión. El anfitrión, Monty Hall, le ofrecía una oportunidad de intercambiar un artículo que los del panel de concursantes traían al show por otro artículo que él estaba ofreciendo. Si hacían el intercambio, el concursante podría recibir algo de mayor valor, pero también se arriesgaba a la posibilidad de terminar con algo de poco o ningún valor. Detrás de una de las tres cortinas que estaban en el escenario se encontraba el premio mayor del show. Los concursantes podían escoger una de las tres cortinas o quedarse con el premio seguro que tenían en mano. La tensión crecía mientras la persona pensaba si arriesgaba lo conocido por lo desconocido. El público vitoreaba mientras la persona miraba a la familia y a los amigos para recibir consejo acerca de la decisión correcta. ¿Debería cambiar los nuevos electrodomésticos que ya había ganado por la posibilidad de ganar el premio mayor que estaba detrás de las cortinas? El premio mayor podría ser un carro nuevo, o podría ser un cochecito para bebé. Ambos artículos estaban clasificados en transporte, pero solamente uno era el verdadero premio mayor. Ese era el dilema y el riesgo.

Algunas parejas ven su matrimonio como si fueran concursantes de este programa de televisión. Procesan las circunstancias de su vida como si estuvieran haciendo tratos, con la esperanza que, al final, tendrán suerte de acabar con el premio mayor en su relación conyugal. A medida que su vida avanza, esta presenta oportunidades y elecciones requiriendo tomar decisiones que afectarán su felicidad. Sienten la tensión asociada con tomar la decisión correcta, de la misma manera que los concursantes lo hicieron en el show. Su enfoque es asegurarse que con su elección aseguran el premio que les dará el beneficio personal y el beneficio a su relación. Miran a los demás esperando ayuda y ánimo mientras negocian a través de las circunstancias de la vida esperanzados en asegurar el premio mayor de la satisfacción conyugal.

Sin embargo, el problema con esta estrategia es que el matrimonio no es un juego. Es algo serio con consecuencias generacionales. El matrimonio impacta directamente el legado que dejamos a nuestros hijos y nietos.

Las circunstancias que enfrentamos sirven como oportunidades para aprender y crecer en nuestro entendimiento de la voluntad de Dios. El concursante de un show de juegos se enfoca en ganar el premio pero como creyentes, nuestro enfoque está en la comprensión de la obra de Dios en las situaciones en que nos encontramos. Nuestro propósito no es mejorar nuestras circunstancias progresivamente a través de elecciones al azar, sino experimentar el amor de Dios mientras nos esforzamos a través de toda situación, sabiendo que a medida que vivamos en Él, tendremos alegría, satisfacción y paz.

Mantener una mentalidad de concursante nos puede llevar a negociar nuestras circunstancias antes de vivir los deseos de Dios o recibir, por medio de buscarlo a Él, una mayor comprensión de Sus caminos. Tomamos decisiones que creemos que nos capacitarán para escapar de la incomodidad y la decepción de nuestras circunstancias inmediatas en lugar de enfocarnos en buscar el sentir y la perspectiva de Dios sobre el dilema que enfrentamos. Algunas situaciones con las que tratamos nos llevan a través de múltiples ciclos de expectativa llena de esperanza solamente para llevarnos a la decepción cuando no sucede lo que esperamos. Múltiples ciclos de expectativa, seguidos por el desengaño, producen desilusión y frustración; lo cual podría llevarnos a perder la perspectiva de fe dentro de la circunstancia. Desesperados, podemos ser tentados a "pensar como concursantes". La compasión y el cuidado de nuestra familia mientras atestiguan nuestra lucha, pueden hacer que nos apoyen en esta forma de pensar. La tentación es identificar, y luego escoger una opción disponible que nos dé esperanza de ser libertados de la infelicidad de nuestras circunstancias actuales sin más esfuerzo, dolor o desilusión.

Puerta número uno: Un inicio en limpio

En este capítulo vamos a ver tres respuestas potenciales para las luchas que enfrentamos en nuestro matrimonio, tres "puertas" que podemos escoger mientras nos enfrentamos a la tensión de qué hacer. La primera puerta que discutiremos es el divorcio.

He visto que, muchas veces, se elige esta puerta; así que permítame compartirle algunas historias. Una pareja estaba pasando por expectativas dolorosas y lesionadas cuando vinieron a verme. Su matrimonio estaba en crisis. Conocíamos bien a la pareja porque, durante varios años, nuestras vidas estuvieron relacionadas a través de las actividades de la iglesia y conexiones familiares.

Esta pareja venía a verme como una medida desesperada para abordar problemas críticos en su matrimonio. Ninguno de los dos había sido infiel, pero ambos eran infelices y estaban insatisfechos en su matrimonio. Habían pasado por múltiples ciclos de expectativas esperanzadoras seguidas por la profunda frustración de las expectativas no cumplidas, las cuales eran el resultado de sus esfuerzos fallidos. Desanimados y desilusionado, en busca de las respuestas que se les habían escapado. Me buscaban para escuchar una perspectiva bíblica acerca de sus problemas, como si estuvieran al borde de recurrir al "pensamiento de concursante". Estaban buscando la opción que les llevaría a la cortina que ocultaba el matrimonio soñado. Estaban frustrados porque el esfuerzo que habían puesto en su relación no había producido lo que buscaban y estaban tentados a pensar que había una elección más afortunada que podía proporcionarles lo que, hasta aquí, Dios y sus esfuerzos no habían producido.

Su matrimonio estaba en serio peligro y les di pasos prácticos para guiarlos hacia la solución. Pero la cantidad de esfuerzo que se requería y el tiempo que se llevaría para implementar la solución que les di los guio a escoger otra opción. Como respuesta al dolor y la frustración escogieron la puerta número uno.

La puerta número uno es la puerta que esconde el divorcio. Pensaron que podían intercambiar sus problemas y empezar de cero en una nueva relación, ya que esperaban encontrar el premio mayor de un matrimonio de ensueño. Sin embargo, fallaron en considerar todas las implicaciones que traería su elección. Pensaban que empezar de cero no sería tan "de cero", porque sus vidas continuarían estando conectadas a través de sus hijos. Básicamente, ignoraron las contribuciones que causaron su propia disfunción con los problemas en su matrimonio.

En momentos difíciles como estos en nuestras relaciones, tenemos que recordarnos a nosotros mismos que todos los matrimonios pasan por temporadas difíciles. Una temporada es un periodo de tiempo creado por las circunstancias en nuestra vida. Ya que no sabemos cuánto tiempo durará una temporada, somos tentados a proyectar que ese tiempo difícil nunca terminará. En algún punto en todo matrimonio llega una temporada de verano que trae consigo circunstancias que se sienten como días de verano: secos y calientes. Al igual que los veranos calientes de Texas, la rutina de la vida crea condiciones secas y calientes en nuestro matrimonio.

Estas condiciones nos hacen buscar un alivio cuando la rutina de nuestra vida se combina con un ciclo de anticipación y desánimo, creando condiciones aparentemente intolerables en nuestra relación. Somos tentados a buscar alivio para cambiar nuestras circunstancias y encontrar un lugar "relacionalmente más atractivo". Secuencias de respuestas insensibles e hirientes entre marido y mujer pueden empeorarlo como los días de casi cuarenta grados Celsius en el cálido verano de Texas. De la misma manera, podemos ser tentados a pensar que el verano nunca terminará cuando los cálidos días de julio continúan en agosto. Somos tentados a concluir que la situación en nuestro matrimonio nunca cambiará. Pero el verano sí termina. De la misma manera que el verano cambia a una temporada más fresca en el otoño, esta temporada también cambiará en su matrimonio, si continúa esforzándose fielmente.

Además del "calor" que las circunstancias trajeron a nuestra vida que nos obligaron a rendirnos al desánimo, el pensamiento de concursante procura convencernos de los falsos peligros que nos esperan en el horizonte de nuestro matrimonio, como un espejismo en un día de verano. Imponiendo presagios y fatalidades imaginarias en el horizonte de nuestra relación, como si fueran eventos reales, un intento de exigir una respuesta inmediata. Esta premonición es pesada y podría llevar al esposo o a la esposa a reaccionar con urgencia ante una situación fantasma que no se ha materializado. Un matrimonio es puesto en riesgo cuando se activa una reacción apresurada con la intención de encontrar alivio. El calor incómodo de la temporada de verano puede actuar como un catalizador que provee energía para el cambio en la relación conyugal. Puede ser un catalizador que guíe a un cambio positivo, llevando a la pareja en busca de las respuestas de Dios a los problemas que estén enfrentando o puede ser un catalizador para un cambio negativo, empujando al matrimonio hacia una elección riesgosa y prematura.

La presión de las condiciones calientes puede entrar en nuestra relación repentinamente: el resultado de una discusión acalorada, las exigencias de una familia en crecimiento, las presiones del desarrollo de una carrera o un horario que nos hace revolver nuestras prioridades. En realidad no importa si es repentinamente o si se establece como una temporada completa de calor de más larga duración. Los efectos del calor pueden producir fatiga de corto y largo plazo en una relación conyugal. La fatiga aumenta por los ciclos recurrentes de expectativa y frustración y empieza a abarcar todos los aspectos de nuestra relación con su malestar. Una persona podría dudar o poner en peligro el compromiso que le hizo a su cónyuge, y ambos podrían ser tentados a abandonar toda precaución en el arriesgado intento de crear la relación que desean.

Las fuerzas destructivas desplegadas contra un matrimonio pueden presentarse a sí mismas como un espejismo amenazante con peligro inminente que demanda una reacción. Estas animan a la persona a escoger una de las oportunidades ante ella, con el fin de evitar el peligro, mientras prometen la posibilidad de elegir afortunadamente el premio mayor. El intento es convencer a la persona de que el peligro es tan inminente o las cosas tan intolerables que vale la pena poner en riesgo todo lo atesorado en la vida: relaciones, reputación, finanzas y, principalmente, la familia.

Repito, he conocido mucha gente que ha escogido este camino solamente para lamentar sus consecuencias ocultas pocos años después. Para compartir otra historia con usted, muchos años atrás cuando entré a un restaurante para almorzar, observé a un amigo que conocía de la iglesia.

Él estaba almorzando con una mujer, a quien no reconocí; y yo pasé por su mesa para saludarlos. Mientras saludaba, mi amigo me respondió de manera extraña. Él fue formal en su respuesta, me presentó como si nos conociéramos poco, aunque habíamos pasado tiempo juntos en varias ocasiones. Saludé a la dama con quien estaba mientras él me explicaba, durante el saludo, que ella era una consultora que lo estaba aconsejando sobre cierto aspecto de sus negocios.

Después de una breve conversación que pareció limpiar la incomodidad inicial, me disculpé para poder ordenar y dejarlos que terminaran su almuerzo. Cuando salí del restaurante ese día, pensé acerca del encuentro y me preguntaba por qué él me había respondido de manera tan extraña. Me sacudí todas las preocupaciones que estaban pasando por mi mente y las calmé asegurándome que lo extraño que sentía no se debía a que hubiera algo inapropiado entre ellos. Yo sabía que él estaba sólidamente comprometido con su matrimonio.

Varias semanas pasaron antes de que yo recibiera una llamada, una noche, justo cuando íbamos a sentarnos a cenar.

Era mi amigo, el que había visto en el restaurante. Para este momento, los pensamientos de nuestro encuentro previo los había dejado a un lado hacía mucho tiempo. Él me saludó con un tono de seriedad en su voz y me preguntó si podíamos hablar. Yo dije: "Por supuesto, pero ¿puedo devolverte la llamada? Estamos a punto de sentarnos a cenar". Él dijo: "Oh, no esta noche. Me gustaría hablar contigo en persona. ¿Podemos reunirnos a desayunar mañana?".

Estuve de acuerdo en reunirme con él, pero antes de que acordáramos en un lugar, él quería saber si nuestra conversación sería confidencial. Nuevamente, su tono era serio, pero yo no sospechaba lo que había en su mente. Le dije que cualquier cosa que discutiéramos se mantendría confidencial, pero que no le podía prometer que sería exclusivamente entre nosotros. Él preguntó por qué, y le dije: "Porque soy un hombre bajo autoridad, y tú podrías contarme algo que yo necesite decírselo a mi jefe o a las autoridades". Le aseguré que me preocupaba por él y que lo que me contara se mantendría en un pequeño grupo de personas cuyo único interés sería ver que la sabiduría y dirección de Dios fuera implementada en las decisiones que él enfrentaba. Entonces, él me informó que si yo no podía asegurarle que la conversación se mantendría confidencial entre nosotros dos, él no quería hablar.

Su respuesta me sorprendió, así que reiteré mi afirmación de confidencialidad dentro de un círculo limitado y añadí que quizá yo no tendría que incluir a nadie más dependiendo de la situación que él quería discutir. Le pedí que me diera más detalles para poder darle mayor seguridad acerca de la confidencialidad que requería, pero no quiso decir nada más. Terminamos nuestra conversación dejando una tensión incómoda entre nosotros, sin acordar un lugar y hora para encontrarnos. La mañana siguiente, en lugar de reunirse conmigo, él se reunió con su esposa para decirle que había decidido dejarla a ella y a los hijos por la mujer con quien lo vi en el restaurante.

A Jan y a mí nos informaron de su decisión cuando su esposa llamó, llorando, devastada por la noticia que echó su vida en un caos total. Su esposo había intercambiado su reputación, relaciones, finanzas y familia por lo que había detrás de la Puerta No. 1, esperando que la suerte le llevaría el premio mayor de la felicidad conyugal con otra mujer.

Cuando la realidad de su decisión se desarrollaba poco a poco a través de las semanas y los meses posteriores a la llamada telefónica que me hiciera y luego su comunicación con su esposa, el impacto de sus decisiones se hizo evidente. Su elección había traído destrucción y devastación a su familia. Él se mudó y abandonó a su familia. Al igual que muchos que han escogido la puerta número uno, su nueva vida no le trajo el gozo y el matrimonio perfecto que esperaba, y su familia luchó por muchos años tratando de entender su sorprendente elección.

El "pensamiento de concursante" lleva a los individuos a intercambiar algo de gran valor por la posibilidad de algo más que les ha escapado, sin tener que trabajar por ello. En los Estados Unidos, más de la mitad de las parejas casadas han escogido esta puerta como la solución a la insatisfacción y ruptura de su matrimonio. La promesa que el "embaucador" les presenta, les ofrece opciones, en su mente, que los convence de que, detrás de la puerta que está ante ellos, se encuentra un premio más grande, un mejor trato; todo lo que tienen que hacer es un intercambio.

Puerta número dos:
Una vida de resistencia

Para aquellos que rechazaron la puerta número uno, otra oportunidad les espera para seducirlos. El "embaucador" no ha terminado. Continúa ofreciendo oportunidades para probar los límites del compromiso en las circunstancias de nuestro matrimonio. Una persona que ha dicho "no" a la puerta número uno se aferra a lo que tiene aunque posiblemente no sea todo lo que quiere que sea porque no está dispuesta a arriesgar su reputación, relaciones, finanzas o la conexión que tiene con sus hijos por la promesa de algo mejor a través de un nuevo inicio. Esa opción presenta mucho riesgo. Ya que la puerta número uno no es una opción, el "embaucador" ofrece la puerta número dos. Tras esta puerta se encuentran las concesiones, el aislamiento y mantener el estado actual. A través del mismo ciclo de expectativa y frustración que desarrolló el "pensamiento de concursante" al inicio, esta pareja continúa su búsqueda de soluciones del tipo "enriquecerse rápidamente" para resolver sus problemas. Son atraídos a la puerta número dos por el dolor persistente que sienten, resultado de los ciclos de expectativa y frustración que han experimentado en su matrimonio. Aunque no están satisfechos con su relación, han decidido quedarse en ella, pero sin hacer más esfuerzos para mejorar su relación. El dolor de las expectativas no alcanzadas y la frustración es demasiado grande.

Esta puerta les ofrece la oportunidad de sentarse emocionalmente. Con los brazos cruzados, se retraen de su relación conyugal, rehusándose a involucrarse más de manera profunda o relevante con su cónyuge. Su frustración ha producido tal dolor que ha convertido su interacción en encuentros crecientes de cinismo, invalidación y rechazo, llevándolos a concluir que la separación es su mejor opción ya que han dicho no al divorcio. Creo que muchas parejas escogen esta opción como su puerta de solución. Esto significa que han optado por separarse de su matrimonio sin divorciarse de su cónyuge como la "solución" a su infelicidad. He tratado con muchos hombres infelices que han escogido este camino. Se sienten atrapados e infelices y escogen "sobrellevarlo" como su método de enfrentar su infelicidad. Tal vez usted conozca a una pareja como esta. Quizá hasta su propio matrimonio haya dejado de crecer y ustedes están sobrellevando la situación en vez de crecer en su relación. La puerta número dos encierra el dolor de nuestra relación en una cárcel de relaciones sin remedio y abre la puerta a la búsqueda de soluciones satisfactorias para sobrellevar nuestro dolor. La búsqueda puede tomar múltiples formas. Podría ser un pasatiempo como jugar golf, cazar o pescar. Podría ser una participación cívica o un proyecto comunitario que consuma todo su tiempo, enfoque y atención. Podría ser más tiempo en el trabajo o con amigos. El punto es que hay una necesidad de distracción para dejar de pensar en la situación. Si no se encuentra una solución satisfactoria, el desánimo, la soledad y la desesperanza se acomodan y crean la necesidad de medicar el dolor solo para que pueda continuar sobrellevándolo. Medicar el dolor puede tomar un camino oscuro y destructivo creando otros problemas por encima del matrimonio. Una decisión de permitir que el matrimonio se mantenga "tal cual" lleva al dolor físico, emocional o espiritual conectado a conformarse con una relación que no puede o no quiere cambiar debido a la elección de una o ambas partes en el matrimonio.

Se requiere dos personas igualmente comprometidas derramando todos sus esfuerzos y su fe en la relación para que esta crezca en conexión e intimidad. Cuando una o ambas partes han decidido que tienen que aceptar la relación "tal cual", estando convencidos de que nada va a cambiar, voltean su atención hacia los pasatiempos, intereses de trabajo, amistades fuera de la relación o hasta otros comportamientos aún más destructivos que medican su dolor y les permite continuar en la relación quebrantada. Sin embargo, una vida de quebrantamiento no es lo que Dios planeó para el matrimonio, tampoco refleja la naturaleza de Su relación amorosa con Su iglesia.

Quiero hacer una pausa aquí y decir que no estoy ignorando a la persona que lucha sola por su matrimonio. Es posible que un cónyuge en el matrimonio abrace el "pensamiento de concursante" mientras que el otro se mantenga involucrado en su esfuerzo por construir una unión de conexión e intimidad. Cuando una persona en la relación parece estar dispuesta a aceptar el compromiso mientras la otra quiere más de la relación, al que está más involucrado le toca aferrarse tenazmente por el cambio que ellos desean manifestar.

Ese era el caso en nuestro matrimonio. Uno de los beneficios de la fuerte personalidad de Jan era la tenacidad que aplicaba a nuestra relación. Su valentía, compromiso y amor fortalecidos, me agarró y se aferró a mí. Ella mantenía su enfoque en Dios mientras Él me llevaba a un lugar de conciencia, cambio y salud por el bien de nuestro matrimonio.

Mi acercamiento pasivo-agresivo a los problemas de relación se prestó de manera natural a un camino transigente que nos hubiera puesto a Jan y a mí en este sendero de lidiar con las frustraciones e insatisfacción que encontramos en nuestro rumbo a la conexión de relaciones y la intimidad que disfrutamos hoy. La negación e invalidación eran compañeras dispuestas, animándome a vivir en esa separación emocional de brazos cruzados. Muy dentro de mí, yo no quería el fruto que la transigencia y la tolerancia podrían traer a nuestra relación, pero yo estaba mal preparado para hacer los cambios necesarios para obtener un resultado distinto. Quería una conexión profunda e intimidad con esta chica que amaba, pero no sabía cómo llegar allí. Aunque nunca aceptamos la transigencia como nuestra solución a la infelicidad que estábamos viviendo en nuestro matrimonio, la presión para escogerla o desarrollar mecanismos de defensa estaba presente debido a mis métodos pasivo-agresivos de relacionarme.

Si usted es el que se aferra por una conexión más profunda con mayor intimidad y no está dispuesto a buscar el divorcio ni la transigencia, no se rinda; aunque se sienta como si usted pende de un hilo. Sé que lo que está haciendo es difícil y desalentador, y no puedo predecir cuánto tiempo pasará para que vea el cambio o si lo llegará a ver del todo. Comparto esta palabra con usted: ¡Cobre valor al leer esto y sepa que Dios está con usted! Rodéese a sí mismo de amigos de confianza y de consejo sabio mientras navega por las agitadas aguas de su matrimonio.

Edificar y sostener una relación conyugal satisfactoria y unida requiere fe, perdón y esfuerzo para evitar el tentador engaño que ofrece la puerta número dos. El desaliento cegará nuestra fe y nos llevará a concluir que la única solución que queda para nuestra insatisfacción conyugal es escoger la puerta número dos, con su oferta de transigencia y tolerancia como la respuesta a la insatisfacción en la relación. Tenemos que resistir el desaliento y la presión para aceptar la oferta de la puerta número dos, de manera que podamos estar en posición para pensar y escoger la puerta número tres.

Puerta número tres: Un mejor camino

La última puerta guarda la promesa de la conexión, intimidad y felicidad. Escondido tras la puerta número tres está el premio mayor del matrimonio y está disponible para todas las parejas. Sin embargo, para estar en una posición donde la puerta número tres sea siquiera una opción, tenemos que decir no a la puerta número uno: la puerta del divorcio, y debemos rechazar la oferta de la puerta número dos, que nos anima a vivir una vida de transigencia y tolerancia. Solamente entonces podremos virar nuestra atención a lo que está en la puerta número tres: una vida de verdadero compañerismo, conexión e intimidad con nuestro cónyuge. Al igual que los concursantes del programa de televisión, usted no llega a la puerta número tres a través de una manera de pensar de "hacerse rico rápidamente" en su búsqueda de soluciones a la infelicidad en su matrimonio.

Para experimentar el premio mayor se necesita mucho esfuerzo que se refleja en las decisiones grandes y pequeñas. Se requiere tenacidad y fidelidad a través de las diferentes temporadas de su relación y requiere una estabilidad que no reacciona a los espejismos que se presenten a través de la insatisfacción que experimenta en su matrimonio. Se necesita el esfuerzo combinado de ambas personas trabajando primero en sus propios problemas y luego abordando las influencias familiares que los han formado y moldeado en las personas que son en su matrimonio. Al hacer este esfuerzo y tratar las áreas de sus propias heridas y frustraciones, sus elecciones finalmente los llevarán por el camino de la unidad, conexión y plenitud en su relación, tal como describimos un matrimonio sano en este libro. Nosotros tomamos este camino y queremos que usted lo tome también. Sabemos que no es fácil. Probablemente sea el trabajo más difícil que hayamos hecho. Pero podemos decirle, por experiencia, que vale la pena.

HABLEMOS DE USTED

Ya que ha leído este capítulo, posiblemente se ha dado cuenta que usted ya ha escogido la puerta equivocada. Tal vez haya cometido el error de repetir la elección varias veces. No se permita sentirse condenado o descalificado. No sucumba ante la tentación de sentir celos de aquellos cuya situación parece mejor que la suya, relegándose así a los resultados de elecciones pasadas.

En momentos como este, somos tentados a ver las bendiciones de otra persona, en cualquier forma en que se presente, y codiciar lo que otros tienen. Erróneamente pensamos que las cosas buenas que vemos reflejadas en su vida son el resultado de la suerte o del destino y resentimos el hecho de que ellos tuvieron suerte y nosotros no. Esta forma de pensar yace en una mentira.

La verdad es que las bendiciones de Dios están disponibles para todos aquellos que las desean. Sin embargo, estas son distribuidas a través de nuestra fe y obediencia, lo cual se refleja en nuestros esfuerzos comprometidos de incluir a Dios cuando nos asociamos con nuestro cónyuge para edificar el matrimonio de nuestros sueños. Dios es fiel para redimir y restaurar todo lo que le entregamos a Él. No es demasiado tarde para usted, no importa dónde se encuentre en las circunstancias de su vida. ¿Por qué no le entrega a Él su vida quebrantada y la insatisfacción que siente en su matrimonio y le permite traer sanidad, restauración y plenitud a cada área de su vida?

Capítulo 10

MELODRAMÁTICA

 JAN

OMO ABUELA DE QUINCE HERMOSOS NIETOS, siempre me sorprende cuán únicos son todos ellos. Es interesante ver las reacciones que cada uno tiene ante diferentes situaciones. Algunos de ellos nacieron con seguridad en sí mismos y audacia naturales, y algunos otros son tímidos y no quieren llamar la atención. Cuando vamos a un restaurante, es interesante ver cómo se manifiestan las diferentes personalidades cuando un padre le pide a su hijo que le pida al mesero más bebidas. La mayoría de los niños son muy cohibidos como para ir a pedir más, ninguna persuasión puede obligarlos a hacerlo. Pero para algunos de ellos, cuando uno les pide que vayan a pedir más bebida, lo miran a uno, le sonríen y dicen OK, y van al mostrador a pedir lo que quieren. Quiero decir, algunos de mis nietos se ponen a llorar al pensar que deben hacer esa tarea, pero para otros no es gran cosa. No se avergüenzan ni se resisten. Hasta es divertido para ellos. No temen que les digan no o ser rechazados, de manera que no les intimida acercarse y pedir lo que quieren.

Hay algo innato en ese niño que produce una audacia

natural y confianza en sí mismo que no está presente en los demás niños. Este acercamiento valiente a las situaciones de la vida es el sistema de pensamiento de una mujer asertiva, en cierto modo intrépida, y que no teme a que le digan que no. Su perspectiva es: "Si quieres algo, pídelo. Lo peor que puede pasar es que te digan que no".

La creación de Dios está llena de tal diversidad, y el objetivo en el matrimonio no es que todos se vean igual. El objetivo es descubrir cómo podemos hacer, de la confusión creada por la diferencia en nuestras personalidades y perspectivas, un matrimonio hermoso. Para hacer esto, tenemos que ser sinceros en que, sin saberlo, podríamos estarnos comunicando con nuestro cónyuge en una forma que hace que ellos se desconecten o se aparten de nosotros.

UNA FUERZA CON LA CUAL LIDIAR

Crecí pensando que debía cuestionar las cosas y que no debía estar de acuerdo con ellas solo porque sí. Este principio funcionaba bien para mí, la mayor parte del tiempo, durante mi crecimiento; pero en mi relación conyugal no funcionó en lo absoluto. Mi entusiasmo, junto con mi confianza en mí misma y mi forma de ser obstinada, algunas veces provocó que Tom se cerrara emocionalmente. Yo podía pensar que estábamos pasándola muy bien dándonos ideas el uno al otro, pero Tom pensaba que yo lo estaba criticando. Yo, rápidamente, me daba cuenta de algo que debía hacerse o algo que necesitaba cambiar y se lo mencionaba a Tom, pensando, claro está, que él querría saberlo; pero para él, yo estaba siendo negativa. Si queremos involucrar a nuestro esposo en una conversación significativa, tenemos que ser abiertas para ver cómo podríamos, sin saberlo, estar saboteando nuestra comunicación con él. Nuestro estilo agresivo puede provocar que él se desconecte de nosotros o hacerlo que quiera retirarse emocionalmente.

La fortaleza en la que uno confía, hasta depende de ella, ¿cuándo llega a ser una piedra de tropiezo para el éxito y la conexión de la relación? ¿Cómo una mujer competente y audaz acepta un estilo de comunicación que no aislará a su esposo, sino que en vez de eso lo atraerá a unirse con ella? Una mujer fuerte, generalmente, es audaz y tiene confianza en sí misma, no teme decir lo que piensa porque no teme estar equivocada, ¡lo cual no sucede con frecuencia! Esta mentalidad de confianza en sí misma, junto con la capacidad de ser brutalmente sincera y una cierta medida de insensibilidad, llega a ser, precisamente, lo que provoca la fricción no deseada en su matrimonio.

Si usted es una mujer asertiva y obstinada, probablemente sea propensa a sobresalir en casi cualquier cosa que se proponga. Sin embargo, esos atributos que contribuyen a su éxito externo, también podrían servir como un detrimento a su matrimonio. Toda fortaleza tiene su debilidad, y como mujeres inteligentes, sería sabio que reconociéramos nuestras debilidades y cómo estas afectan a quienes más amamos.

Las diferencias en el estilo de comunicación y la fuerza de la personalidad pueden llevar a malos entendidos y desconexión con nuestro cónyuge. En este capítulo discutiremos la manera en que una mujer asertiva puede usar sus fortalezas como ventajas relacionales para fortalecer el vínculo de conexión y evitar la desconexión con su esposo que podría ser producida por su estilo asertivo. Sin importar dónde se encuentra en su relación, acaba de empezar o ha estado casada por mucho tiempo, la conexión requiere enfocar la atención y esfuerzo.

El incidente con Suzie

Tom y yo llevábamos un par de meses de novios y, como jóvenes de dieciséis años, decidimos que no íbamos a salir con otras personas sino que nuestra relación "iba en serio". Por supuesto, como estudiantes de los primeros años de secundaria; de todas maneras no teníamos una gran vida social, pero habíamos decidido tener una relación exclusiva.

Luego, un día, estaba hablando por teléfono con una de mis amigas y ella mencionó que Tom había llamado a otra amiga, a quien nombraré Suzie, y le había preguntado qué pensaba acerca de que las chicas usaran maquillaje en los ojos. Tom y Suzie eran amigos, pero él y yo andábamos en serio, así que la noticia me tomó desprevenida. Dije: "¿Qué? ¿Él llamó a Suzie por teléfono para hablarle de maquillaje para los ojos?". ¡Él ni siquiera me había hablado a mí acerca de maquillaje para los ojos!

Colgué el teléfono y llamé a Tom inmediatamente. Estaba sorprendida y segura de que se trataba de un error. Es decir, hablábamos con otras personas en la escuela y cosas así, pero yo nunca hablé con otro muchacho por teléfono y pensé que él tampoco lo hacía.

Le pregunté a Tom si era cierto, y él tartamudeó un poco y luego dijo que sí. Él y Suzie era buenos amigos, y él no pensó que hubiera algo malo en llamarla por teléfono. Bueno, yo empecé a llorar y difícilmente pude hablar. Él estaba sorprendido y no sabía qué hacer. No comprendía realmente por qué me afectaba y eso me enojó aún más. De manera que empezó a disculparse una y otra vez, pero simplemente no veía que hubiera hecho algo malo. Podía darme cuenta que él no sabía cómo me sentía y eso lo empeoró. Yo pensaba que tal vez nuestra relación no era lo que pensé que era.

No recuerdo todo lo dicho, solamente que lloré mucho. Tom estaba tratando de hacerme sentir mejor y solo quería saber qué podía hacer para resolverlo. Yo no tenía idea. Estaba dolida y ni siquiera había pensado en buscar una solución. Él me dijo: "¿Quieres que nunca vuelva a hablarle a Suzie?".

Eso captó mi atención.

Él dijo: "Si eso te hace sentir mejor, nunca más volveré a hablarle a Suzie".

Bueno, eso me calmó y sonaba como una excelente solución, así que dije que estaba bien. Me sentí mejor; solamente que no me di cuenta que él quiso decir que nunca más le volvería a hablar, *para nada*. Yo pensé que estábamos hablando del problema de llamar por teléfono a otras chicas, y él estaba hablando del tema de hablarle a Suzie. Al día siguiente, Tom le habló a Suzie y le dijo que nunca más podrían volver a hablar porque eso me molestaba. Ella quedó destrozada y yo ni siquiera me di cuenta de lo que estaba pasando hasta que mi amiga me dijo lo que Tom había dicho y la forma en que Suzie reaccionó.

Bueno, yo estaba mortificada por la forma en que se tornaron los eventos, y cuando finalmente pude hablar con Tom, le pregunté qué estaba haciendo. Me dijo que estaba cumpliendo con su palabra. Él había dicho que nunca más iba a volver a hablar con ella, y me estaba comprobando que nunca más lo haría.

Dije: "Pero eso no es lo que yo quería. Lo único que no quiero es que estés llamando a otras chicas sin que yo lo sepa".

Él había pensado que hablar con Suzie era el problema y mantuvo su palabra. Era el chisme entre nuestros amigos. La solución de Tom a mi explosión emocional era una respuesta de todo o nada. Fue su manera de calmar mis emociones y demostrar su compromiso conmigo. Básicamente, eso no era satisfactorio para mí. Me sentí completamente incomprendida y confundida, pero el daño estaba hecho. Nuestros amigos pensaron que yo me estaba comportando ridículamente y Suzie nunca me volvió a hablar.

Este es un ejemplo de las muchas maneras en que nos comunicábamos mal y lo llevamos directo al matrimonio. Ninguno de nosotros estaba complacido por el resultado de la conversación.

Es necesario hablar

Nuestros estilos de comunicación eran totalmente diferentes desde el inicio de nuestra relación. Éramos jóvenes y no teníamos idea de cómo manejarlo. Solamente sabíamos que nos gustábamos el uno al otro y que queríamos ser una pareja, así que construimos mecanismos de defensa alrededor de lo que no funcionaba. Fuimos lentos para entender y apreciar las diferencias de cada uno y aún más lentos en aprender cómo relacionarnos de manera significativa. Debido a que no aprendimos esto cuando éramos novios, ha requerido muchísimo esfuerzo y comprensión en nuestro matrimonio.

Creo que muchas parejas comparten este problema. Nos dejan en una nebulosa cuando nuestra comunicación se desvía y nosotras tratamos de unir las piezas después de que el daño se ha hecho. No hemos llegado a apreciar y comprender las diferencias en nuestro estilo de comunicación, de manera que los ciclos de desconexión continúan.

La única manera de tener intimidad verdadera en un matrimonio es a través de comunicación abierta y sincera. No podemos asumir que sabemos o entendemos lo que nuestro esposo piensa a menos que tengamos una conversación verbal con él al respecto. Tenemos que comunicarnos mutuamente nuestros pensamientos para poder relacionarnos con sinceridad.

Muchos conflictos en nuestro matrimonio ocurrieron por lo que nosotros pensábamos que la otra persona estaba diciendo o pensando, no porque hubieran sido sus palabras literales. Aun si usted conoce a su cónyuge muy bien, es posible malinterpretar o malentender algo que él o ella haya dicho. Para tener una comunicación efectiva, usted tiene que ser bueno para escuchar así como bueno para hablar. Escuchar bien implica tener una mente abierta para escuchar su perspectiva cuando tengan un diálogo con su cónyuge acerca de algún asunto.

Se requiere desconectarse de otras distracciones y concentrarse en lo que su cónyuge está diciendo. Debido a la proliferación de teléfonos celulares y televisores, además de la atención que sus hijos, el trabajo y otras prioridades le demandan, es importante recordarse a sí mismo de tomar un tiempo para relacionarse con su cónyuge. Esto podría no parecer valioso cuando hay tantas otras cosas que podría y debería estar haciendo, pero sino escoge esto deliberadamente y a propósito, usted puede provocar una desconexión con la persona más importante en su vida. Si usted ve su matrimonio como un recorrido, verá que cada paso que da le llevará a alguna parte, y si no tiene cuidado, usted puede terminar en un lugar, en su relación, que no era lo que esperaba. Tenemos que estar enfocados en nuestras prioridades, y necesitamos revisar nuestras acciones porque estas nos dirán cuáles son verdaderamente nuestras prioridades.

También se necesitan acciones

Hablando de revisar nuestras acciones, Tom me decía con regularidad que yo era su prioridad número uno, y yo le creí por largo tiempo. Entonces pasaba algo y empezaba a sentir como que yo no era importante para él. Le decía cómo me sentía y él reiteraba que yo era su primera prioridad. Nuevamente, empecé a notar cosas que él hacía que me comunicaban que yo no era lo primero, tal como: trabajar hasta tarde o hablar por teléfono cuando estaba en casa en lugar de estar disponible para la familia, o ir a trabajar en sus días de descanso o jugar al golf en su tiempo libre. Ya que él me estaba diciendo que yo era su primera prioridad, yo traté de aceptar estas otras cosas.

Entonces, un día, tuve una revelación: yo no era realmente lo primero. Estaba asombrada porque había creído lo que él decía y ponía verdadera atención a lo que él hacía. No me enojé, pero me propuse algo. Me senté y le pregunté si podíamos hablar de algo. Le dije que aunque decía que yo era su prioridad número uno, no me sentía así.

Tom me preguntó por qué me sentía de esa manera y yo saqué mi lista. Él podía discutir cada cosa individualmente, pero cuando todas fueron puestas juntas, viéndolo a él, tuvo que admitir que no me estaba tratando como si fuera su primera prioridad.

¿PUEDE RETROCEDER?

Y aquí está la clave. Debido a que no reaccioné en el minuto que me sentí desatendida en esa situación y le presenté mi sentir en un momento cuando estábamos solamente conversando, él pudo escucharme. Ya que él no se sintió atacado, sus mecanismos de defensa no estaban activados y pudimos hablar. Él hizo preguntas y yo respondí, y empezó a darse cuenta de lo que sus acciones me comunicaban. Pudimos discutir mis sentimientos y sus acciones sin que yo entrara en pánico o que él se enojara. Debido a él reconoció mis sentimientos y empezó conscientemente a esforzarse en resolver mis quejas, él me demostró que yo era realmente la primera prioridad en su vida. Desearía poder decir que manejé cada situación de esta manera. Desearía haber comprendido que algunos de nuestros problemas eran tan sencillos como que yo no comprendía las formas en que los hombres y las mujeres son diferentes. Siempre había escuchado que los hombres y las mujeres están diseñados de manera diferente, pero pienso que creí que, muy dentro de él, Tom sabía lo que yo quería, sabía lo que yo estaba sintiendo y que optaba, deliberadamente, por no dármelo. Esa clase de pensamiento crea dolor, rechazo y frustración. Y si usted tiene una personalidad agresiva, no toma estas cosas a la ligera o las deja estar. Estoy más que dispuesta para dar toda la información necesaria para que me comprendan, pero cuando siento que he dado esa información y se ignora, me impulsa actuar. Como una capa roja a un toro, el irrespeto de ser ignorada crea el deseo de ¡embestir! Comprender y respetar por la otra persona y su perspectiva es el fundamento para una comunicación sana. Aunque estoy consciente de la importancia de ese fundamento, me importa poco ante la sensación de sentirme ignorada.

Me paraliza pensar en todas las veces que me enojé con Tom por lo que él estaba diciendo por la forma en cómo yo lo interpretaba. A veces, todo lo que podía escuchar era cómo me hacía sentir y no podía ver cuál era su intensión. La forma en que él procesa la información y reacciona ante las situaciones es tan diferente a la manera en que yo proceso y reacciono ante ellas; y él, por lo general, hace las cosas de manera diferente a como yo lo haría. Me frustraba permanentemente que él no podía ver las cosas de la forma en que yo lo hacía. La diferencia en su acercamiento se sentía como una falta de respeto al mío, y con la capa roja ondeando, yo embestía en una conversación acerca de nuestras diferencias.

Algunas veces, quedamos tan atrapados en nuestra propia perspectiva de las cosas que no podemos, si quiera, escuchar o reconocer la perspectiva de nuestro cónyuge. Puede ser irritante cuando uno tiene una manera en que quiere que él vea las cosas y él sencillamente no lo entiende, aún después de que se lo explicó muchas veces. Es especialmente frustrante cuando piensa que usted tiene razón y él está equivocado. Pero en ese punto, en el punto cuando su pasión es fuerte y hay un momentum de preparación para embestir en la conversación que haría que usted imponga lo que quiere, es imperativo que se detenga, haga una pausa y escuche a su esposo sin humillarlo ni minimizarlo por no estar en la misma posición que usted. Se necesita un gran esfuerzo para detenerse y escuchar a la persona que usted piensa que está equivocada, y con buena actitud, hacer un intento diligente para comprender su perspectiva. Pero si queremos tener una relación sana y satisfactoria, tenemos que valorar su perspectiva diferente tanto como la nuestra mientras procuramos aprender lo que funciona y lo que no, en nuestra comunicación. Debemos dejarle saber a nuestro cónyuge que estamos comprometidos a trabajar en nuestros problemas y encontrar una solución mutuamente satisfactoria mientras buscamos aprender lo que funciona y lo que no, en nuestra comunicación.

Haga una pausa

Una herramienta para resolver el conflicto que Tom y yo hemos aprendido a aplicar cuando estamos teniendo problemas para comunicarnos claramente es hacer una pausa. Lo que quiero decir con eso que detener la conversación si se pone muy acalorada. Uno de nosotros pide una pausa si sentimos que necesitamos tiempo para calmarnos y volver a reunirnos. Es una protección que uno establece que le ayudará cuando se presenta el conflicto. Pero necesita ser establecida antes que un conflicto se desarrolle, ya que en el calor del conflicto lo más probable es que uno pierda la capacidad de tener una discusión racional acerca de cómo quieren proceder en la resolución de un conflicto. El acuerdo que ustedes hacen necesita explicar que si necesita tiempo para calmarse, puede pedir una pausa sin ser penalizado. Es importante asegurarse que ambos estén de acuerdo que es solamente por un momento específico y que después volverán a reconectarse en un esfuerzo por resolver el conflicto.

Queda a discreción de ustedes dos determinar el largo del tiempo que se necesita para calmarse y aclarar la mente, podría ser treinta minutos, una hora, dos horas o hasta un día. Durante el receso, pueden pensar y orar acerca de lo que está sucediendo y ocuparse en identificar el problema aparte de las emociones que rodean el conflicto. Luego, al momento acordado, se reúnen nuevamente y continúan la discusión desde la perspectiva que ambos están ocupándose de ese problema, juntos para llegar a un acuerdo mutuamente satisfactorio.

Al acordar anticipadamente tomar una pausa, ustedes eliminan la posibilidad de ofenderse y rechazarse que puede suceder en el calor de la discusión si usted sale de la habitación o deja la casa y maneja por una hora mientras piensa y se tranquiliza. Esto produce calma en medio de la tormenta. El objetivo es regresar con la actitud diferente de ser socios trabajando en una solución en lugar de oponentes en una competencia.

Además, no piense que usar la ley del hielo sea lo mismo que decir verbalmente que necesita una pausa y quiere reconectarse.

Alejarse sin comunicarse y aislarse sin comunicarse no son las mejores maneras de calmarse por un desacuerdo acalorado. Ambos actos pueden ser disciplinarios y usarse con la intención de lastimar a la otra persona. Si sucede con regularidad, puede llegar a tener un efecto tóxico en la relación. Lo que estamos tratando de hacer es mantener al mínimo el daño negativo que resulta del alegato colocando una base de confianza y respeto a través de poner a funcionar planes de protección. Si ustedes necesitan hacer una pausa para calmarse, eso es justo y efectivo; a veces ¡hasta necesario! Pero es importante hacer el compromiso firme que no usarán la pausa como una excusa para retirarse con la intención de lastimarse y rechazarse el uno al otro. Su compromiso debe ser firme y demostrado en el momento en que ustedes, sinceramente, utilizarán la pausa para calmarse e identificar los problemas de su frustración. En otras palabras, necesitan pelear de manera justa; aun cuando todo en usted quiera herir y rechazar a la otra persona. Por eso es importante hablar anticipadamente acerca de las formas en que se mantendrán conectados al proceso para resolver el conflicto.

Revise el drama

Las mujeres agresivas son, muchas veces, decididas y quizá un poco exigentes. Parte de la dinámica entre la pasión y la pasividad somos esas mujeres fuertes y apasionadas que generalmente van a toda velocidad adelante en la conversación mientras el esposo pasivo se queda en el polvo, tratando de descubrir que estamos diciendo y lo que él realmente piensa al respecto. Podemos sentirnos justificadas al pasar por encima de él en una conversación porque no entendemos o pensamos no tener tiempo para esperar por su respuesta. Tenemos el resultado que queremos o necesitamos que pase, y pensamos que si él no puede ir a nuestro ritmo, simplemente lo rebasaremos a toda velocidad para obtener un resultado. Por medio de nuestro acercamiento de embestida a la conversación, hemos saboteado la conexión y compañerismo que deseamos con él. Y, por experiencia, ellos han aprendido que si vamos adelante a toda velocidad, ellos probablemente no serán escuchados de todas maneras, así que no se sienten motivados para involucrarse en el proceso. Nos dejan sintiéndonos solas cuando lo que queríamos era compañerismo, acuerdo y conexión.

Toda esta dinámica desarrolla hábitos poco saludables en nuestro estilo de comunicación que necesitan ser abordados y cambiados. Los hábitos no saludables nos llevan a construir mecanismos de defensa para tratar con la ira y la frustración que experimentamos en un conflicto sin resolver. En lugar de echar un buen vistazo a nuestra frustración y acordar que es un reflejo de que algo no funciona y necesita repararse, continuamos con nuestra aproximación normal para salirnos con la nuestra independientemente del costo. Esta dinámica no saludable nos roba el crecimiento y del aumento de la profundidad de la intimidad que queremos y necesitamos en la relación.

La personalidad apasionada crea drama a dondequiera que vaya. Eso puede ser maravilloso y divertido si no hay conflicto involucrado. Pero cuando la pasión crea un drama que lleva al conflicto, las cosas se vuelven incoherentes. El drama aumenta las emociones y la intensidad de las palabras por encima de lo coherente y razonable. Aun así, cuando usted tiene una personalidad dramática, siente intensamente y es natural, sencillamente, dejar que su comunicación vaya allí. Se siente como si sus emociones son reales y verdaderas, de manera que usted no puede evitar expresarlas completamente. Pero solo porque usted siente algo intensamente o profundamente no necesariamente es tan serio como se percibe en el momento. Si usted reconoce, quizá hasta en este momento, que tiene una tendencia a ser dramática en el conflicto, puede aprender a comunicarse de manera más efectiva.

Hace algunos años escuché a la predicadora Joyce Meyer decir que algo que ella ha aprendido a través del tiempo es que ella puede, sencillamente, "deshacerse del drama". (¡Pero siento lástima por el esposo que le diga esto a su esposa durante una pelea!) Pensé que esto era una afirmación muy divertida porque parece imposible simplemente deshacerse del drama. Quiero decir, cuando usted es una mujer apasionada ¡todo es dramático! Sin embargo, al meditar en ello, empiezo a darme cuenta que su consejo pudo haberme ayudado en muchas discusiones que he tenido con Tom.

Recuerdo momentos cuando le contaba acerca de una situación y mis sentimientos empezaban a acumularse mientras hablábamos. Me volvía más animada y dramática mientras más hablábamos. Cuando yo expresaba mis sentimientos apasionadamente, él sistemáticamente se desconectaba. Esto hacía que me sintiera casi frenética, pues veía en su respuesta lo que parecía ser una falta de importancia o reconocimiento de la seriedad de lo que le estaba diciendo. Y debido a que él no lo veía de la misma manera que yo, no habría el nivel de reacción que yo quería o necesitaba de él. Así que mi pánico producía más pasión, lo que producía más drama, resultando en más separación de parte de él en el momento en que yo necesitaba que él estuviera completamente involucrado. No veía la manera de salir de ese ciclo.

Escuchar a Joyce decir que la respuesta era sencillamente "deshacerse del drama" parecía demasiado simplista y exagerado. Sin embargo, el comentario se me quedó grabado y pensé en eso durante los siguientes días para ver si se podía aplicar a mi vida. Empecé a darme cuenta de que tengo una opción acerca de cuán exagerada y dramática se vuelve la conversación con mi esposo. Quizá no me guste el hecho de que él no responde de la manera que yo creo que debería o con la velocidad que yo creo que necesita, pero tengo la opción de si dejo o no que mis sentimientos exageren y exploten. Puedo escoger "deshacerme del drama". En el calor de la situación, puedo detenerme y liberar la presión que crean mis sentimientos reconociendo que mi respuesta fue excesivamente dramática. Si usted no es dramática, no entenderá todo esto; pero si lo es, sabe que lo que digo es verdad. Usted necesita reconocer su parte en el problema y hacer algo para cambiar el resultado.

Eso fue una revelación para mí; una que todavía estoy tratando de poner en práctica mientras vivo mis expresiones apasionadas en las circunstancias de nuestro matrimonio. Pone sobre mí la responsabilidad de controlar mis palabras y las expresiones emotivas, que me salen tan naturalmente, en lugar de culpar a Tom por no ser sensible a mi dolor y a mi perspectiva. Yo puedo ver claramente que él necesita cambiar, pero es difícil pensar que yo pueda tener una parte en la dañina dinámica de la relación y que yo necesito hacer cambios en la forma en que me relaciono. Es más fácil continuar siendo dramática y agresiva de lo que es cambiar la manera en que actúo y pienso.

Revise sus palabras

Tom y yo hemos aprendido que las palabras pueden ser procesadores de dolor. Mis expresiones apasionadas incluyen palabras que dejaban a Tom obsesionado en nuestras discusiones, y que eran la causa de nuestro conflicto. Yo podría usar una palabra extravagante para describir algo o decir términos radicales para describir la fuerza de mi frustración. Por ejemplo, yo diría: "Tú nunca me traes flores solamente porque sí". Luego veía pasar los segundos en el reloj mientras él trataba de recordar la vez cuando él *sí* me dio flores solo porque sí. Pudo haber sido una sola vez, pero debido a que yo dije *nunca*, él procesaba mi punto como inválido debido a mi afirmación equivocada.

Tom se quedaba atrapado en la extravagancia de mi expresión o la fuerza de mis términos y se perdía completamente lo que yo trataba de expresar por medio de mi pasión. Entonces, él empezaba a debatir la legitimidad de mi expresión mientras señalaba las excepciones a las fuertes afirmaciones que yo había hecho. Esto era como echar gasolina en el fuego de mi pasión. Mi pasión sobre el tema se dividía en dos. Ahora, yo estaba enojada con él por la discusión acerca de la pasión con que yo hablaba y la pasión que tenía en cuanto al tema original. Mientras hablábamos, yo tenía que defender lo que estaba diciendo mientras trataba de comunicar el problema en una forma que "aplastara" la fuerza de mis sentimientos para poder arreglármelas con el "perro guardián" de su procesador de memoria. Este era un proceso feo e ineficaz que me provocaba los sentimientos heridos de ser malentendida, invalidada y rechazada.

Tom tiene que darse cuenta que no son las palabras las que debería estar escuchando, ya que estas son el vehículo que lleva mi dolor. Lo que necesito en ese momento no es un debate sobre la validez de mi perspectiva. ¡Necesito que él me comprenda mientras proceso mi dolor!

A través de todo esto, tenemos que hacer un compromiso firme de mantenernos allí mientras aprendemos las cosas que en nuestro estilo de comunicación funcionan y las que no. Debido a que estamos comprometidos, estamos tratando activamente de mantenernos conectados el uno con el otro a través del proceso para desatar los nudos que hemos hecho en nuestra relación y luego aprender a conectarnos de manera sana y equilibrada.

HABLEMOS DE USTED

¿Se ha visto a sí misma en este capítulo? Tal vez se ha estado preguntando: "¿Qué puedo hacer para manejar y expresar de mejor forma mi frustración? ¿Cómo puedo hacer que mi esposo se involucre en un diálogo conmigo?". Un buen lugar para empezar es reconocer los pensamientos destructivos y las acciones que está llevando a cabo para destruir su relación. Niéguese a permitir que el drama de sus sentimientos y dolor tengan una voz más alta que las necesidades y deseos de su esposo. Dígase a sí misma que este no es el momento de alejarse enojada y frustrada. Pídale al Señor que le ayude a calmarse y a ser respetuosa mientras se esfuerza por escuchar y descubrir lo que podría ser su parte del problema.

Sé, por experiencia propia, que cuando el humo de todo ese esfuerzo se aclare, el lado destructivo de la exageración se irá y usted se quedará con el lado bueno, divertido, de la personalidad que Dios le ha dado. ¿Quién sabe? ¡Tal vez hasta le dé una buena reputación al término *exageración*!

Capítulo 11

CÓMO ENCONTRAR SOLUCIÓN

 JAN

CUANDO NUESTROS HIJOS ESTABAN PEQUEÑOS, DE vez en cuando salíamos de la ciudad para pasar un fin de semana solos. En uno de esos viajes, dejamos a los niños con una niñera y nos fuimos a Lubbock, Texas, desde Amarillo, Texas, para darnos una escapadita. Pasamos un tiempo maravilloso y ya habíamos empacado, estábamos listos para regresar a casa. Tom salió del estacionamiento del hotel, cruzó hacia la autopista y empezó a conducir hacia el Loop [circuito cerrado]. (Si usted vive en Lubbock, sabe lo que es el Loop, ¡no hay necesidad de mayor descripción!).

Él me dijo: "Me voy por este camino porque sé que por aquí te gustaría ir".

Yo pregunté: "¿Qué quieres decir con que es el camino por donde me gustaría ir?".

Él respondió: "Yo regresaría a casa por un camino diferente, pero te estoy dando preferencia, así que me voy por este camino".

Ligeramente molesta, respondí: "Bueno, ¿qué ruta tomarías tú?".

Me dijo la ruta en la que estaba pensando, y yo continué:

"Bueno, esa ruta tomaría más tiempo, así que, por supuesto, tomarías esta mejor. Sencillamente tiene sentido. Eso no es darme preferencia. Es solamente tomar la mejor ruta a casa". Eso irritó a Tom y dijo: "No, estoy dándote preferencia". A lo cual yo respondí: "No, es la ruta más rápida". Saqué un mapa y le mostré el error de sus rutas. (¡Esto fue mucho antes de Google maps!) Él no estaba convencido y dijo que él tomaría la hora adicional que nos llevaría llegar a casa para manejar ambas rutas para ver cuál era la más corta.

¡Estábamos regresando de un maravilloso fin de semana juntos y apenas habíamos salido del estacionamiento antes de enojarnos entre nosotros! La conexión que sentimos durante el fin de semana y que habíamos nutrido durante nuestro tiempo fuera, rápidamente se evaporó convirtiéndose en conflicto. Lo convencí de no tratar ambas rutas y después no nos hablamos de nuevo durante una hora, ambos estábamos furiosos porque no nos entendíamos el uno al otro. Saqué de proporción el comentario de Tom, pero estaba frustrada de que él hubiera concluido que lo que estaba haciendo era darme preferencia sin siquiera haber hablado conmigo.

Por supuesto, Tom no estaba tratando de empezar una pelea cuando inició la conversación. Él estaba señalando que estaba haciendo algo intencionalmente bueno para mí. Pero lo recibí de manera equivocada. Reaccioné a sus palabras y, con más intensidad, a su motivo. "¿Por qué querría él tomar una ruta más larga hacia la casa?", pensé. "Obviamente, él ni siquiera sabe lo que prefiero. Pero piensa que sí. Qué patán". Estoy segura que él pensaba: "¡Esta conversación no está saliendo como yo imaginaba que iría!".

La conversación acabó en un lugar ridículo. Pero no me juzgue, sabe que a usted también le ha sucedido. La mayoría de nuestros desacuerdos son acerca de cosas pequeñas, insignificantes, pero las cosas pequeñas se vuelven grandes cuando tenemos problemas de comunicación. Problemas que se están consumiendo bajo la superficie y que solamente esperan hervir, para quemarnos y traer división entre nosotros.

EL ESFUERZO ES LA CLAVE

Todos deseamos tener una buena relación con nuestro cónyuge. Por eso es que hicimos los votos y nos casamos con él o ella: para tener una unión para toda la vida. Pero la realidad de tratar de mantenerse conectados en un mundo ocupado y distraído, es difícil. Se requiere un compromiso intencional de parte de compañeros que estén dispuestos a mirar a los problemas de su relación y mantenerse conectados mientras solucionan sus problemas.

Es sorprendente lo rápido que las situaciones pueden llegar a ser una pelea. Si usted ha estado casado por cualquier cantidad de tiempo, sabe que parte de la tolerancia que tuvo por sus diferencias cuando eran novios empieza a gastarse a medida que la realidad de la obra del matrimonio se establece. Lo que pudo haber ignorado o perdonado con facilidad cuando eran novios puede convertirse en lo que parece ser una diferencia irreconciliable a medida que su matrimonio avanza.

Este tipo de pelea que tuvimos cuando salíamos de Lubbock suena como lo que usted escucharía hablar a dos viejos cascarrabias. Pero nosotros no somos viejos; sencillamente no estábamos comunicándonos bien. Nuestra pelea podría parecerle trivial, pero veinticinco años después, todavía la recuerdo claramente. Nunca debimos haber reaccionado el uno contra el otro en la manera que lo hicimos, especialmente sobre algo de tan poca importancia. Pero ¿no es así como van este tipo de conversaciones? No empezamos con la intención de tener una pelea. Estamos tratando de comunicarnos mutuamente, solo llevarnos bien, compartir juntos y, repentinamente, hay un tropiezo. Luego otro tropiezo. Luego un toc, toc, toc y, de repente, nos quedamos varados en la autopista de la vida con una llanta pinchada, necesitando ayuda.

Los malos entendidos causan fricción, dolor e ira si no se tratan. Las cosas que no deberían ser problema parecen convertirse en montañas insalvables en nuestra vida. Los malos entendidos y la mala comunicación pueden provocar las conversaciones más ridículas que pueda imaginar, pero la mayoría de las veces, ya vamos subiendo la mitad de la montaña antes de darnos cuenta que tenemos problemas. Se necesita tiempo y esfuerzo para desenredar estas discusiones, y ambas personas tienen que permanecer involucradas en el proceso. La conexión sucederá cuando no rechacemos el estilo de comunicación de cada uno y hagamos provisión para sus diferencias estando dispuestos a hablar el lenguaje de cada uno.

Me arrepiento al recordar todas las veces que me enojé con Tom por la forma en que yo interpreté lo que él decía. En ese momento, todo lo que podía pensar era cómo me había hecho sentir, y yo no era capaz de ver sus intenciones. En el matrimonio, tenemos que hacer un compromiso firme de resistir a través del proceso de desenredar los nudos que hemos hecho y luego resolverlos juntos para reconectarse con su cónyuge. No podemos permitir que el drama de nuestros sentimientos y heridas tengan una voz más fuerte que las necesidades y deseos de nuestro cónyuge. Debido a que estamos comprometidos a tener un buen matrimonio, tratamos activamente de mantenernos conectados el uno con el otro y tratando de detener los pensamientos y acciones destructivas que desmoronan la relación. Necesitamos calmarnos y ser respetuosos y escuchar para descubrir cuál podría ser nuestra parte en el problema.

Repito: Hacer una pausa para calmarse puede ser importante. Este no es un tiempo para alejarse enojado y frustrado. Si necesita procesar la discusión, es importante comunicar claramente que la pausa en la conversación es por un tiempo específico y que volverán a reconectarte después del tiempo otorgado para calmarse y reflexionar. Hablé de esto en el capítulo anterior, pero siento que es bueno reiterarlo: hacer una pausa cuando las discusiones están acaloradas es una estrategia verdaderamente efectiva si se hace de la forma correcta. Siempre y cuando acuerden que están haciendo una pausa y que volverán cuando estén calmados para resolver el conflicto, será una manera muy útil para dejar que las emociones se estabilicen y evitar palabras hirientes que, a veces, se dicen en el calor del momento. Cuando deciden una estrategia anticipadamente, pueden usarla fácilmente cuando la necesiten. Lo que intentamos hacer al poner un fundamento de confianza y respeto, es evitar que el daño negativo provocado por una disputa, lastime la relación.

SABER QUE SÍ IMPORTA

～ TOM ～

El conflicto sin resolver no se desvanece sencillamente. Se almacena en nuestro subconsciente y se comprime con otros conflictos no resueltos, actuando como pólvora en el proyectil de una escopeta. Espera ser lanzado por el gatillo para iniciar la explosión. Capa sobre capa de conflicto sin resolver se pudre en nuestro subconsciente, volviéndose inestable con el paso del tiempo mientras espera el evento que lo dispare. Cuando se jala el gatillo, provoca una explosión que, por lo menos, hace que todo se detenga entre nosotros mientras encaramos la causa de la explosión, pero tiene el potencial de causar heridas emocionales serias, que al final daña la relación. El daño se hace mucho más grande debido a la acumulación de eventos no resueltos. Pudo haberse minimizado si hubiéramos enfrentado y resuelto los problemas en el momento en que sucedieron. ¿Debería ser nuestro objetivo eliminar el conflicto en nuestra relación? Si se eliminara el conflicto, ¿estaría el camino preparado hacia nuestra mejor y más profunda conexión? Toda relación experimenta conflicto. Nuestra expectativa no es eliminar el conflicto, sino desarrollar a tiempo métodos de reacción ante el conflicto que produzcan sanidad, perdón, reconciliación y la conexión fructífera que deseamos en nuestra relación. Vamos a compartirles más de lo que hemos aprendido acerca de esto.

ALGUNAS VECES, TOMA TIEMPO

Mientras conducíamos de regreso a casa como Jan les acaba de compartir del evento trascendental de mala comunicación en nuestro matrimonio, pensé en mi reacción ante Jan y quería corregirla, pero no sabía cómo. Había estado teniendo una conversación interna desde que empezó nuestro tiempo juntos, debido a que Jan había hecho un comentario en una conversación que tuvimos cuando me dijo que yo nunca hacía lo que ella quería. Debí haberle preguntado a qué se refería con eso en lugar de tener un diálogo interno conmigo mismo (¡otra vez!). Eso habría abierto la puerta a la discusión de sus sentimientos dándome la oportunidad de expresar lo que yo sentía en respuesta a su comentario. Pero mi proceso interno del comentario distraído que ella hizo al principio de nuestro viaje produjo la fuerza de mi reacción agresiva y terca hacia ella, cuando salimos del hotel y traté de señalar que le estaba dando preferencia. En lugar de ganar crédito con Jan, terminé causando la herida que después tuvimos que reconciliar.

Lo primero que quiero decir es que esa manera de pensar pasivo-agresiva provoca una neblina que dificulta identificar por completo el motivo detrás del conflicto. Mientras conducíamos a casa, después de un largo periodo de silencio, finalmente, me dirigí a ella con lo único apropiado que podía decir: "Lo siento".

"Lo siento, mi amor", dije. "Lamento mi reacción terca ante ti y la herida que causé preocupándome más por tener razón de lo que me preocupé por tus sentimientos".

Entonces, empezamos a abrirnos el uno al otro y a descubrir todo lo que estaba involucrado en crear el incidente que acababa de suceder. ¿Por qué me tomó tanto tiempo dar el paso para resolver nuestro conflicto? ¿Por qué no dije antes, simplemente, que lo sentía?

Con los años de sanidad que me permiten conocer mejor mi método de relacionarme en situaciones de conflicto, ahora puedo decir la razón por la que tomó tanto tiempo era porque mi perspectiva estaba nublada por el proceso interno de la manera de pensar pasivo-agresiva. Mi pensamiento nublado proveyó la estructura para que el orgullo, el enojo y la terquedad crearan una barrera entre nosotros que debía ser vencida por medio de mi reacción. Mi respuesta no podía ser solamente la frase: "Lo siento". Tenía que representar una comprensión sincera del daño que había causado, y mi manera pasivo-agresiva de relacionarme creó una neblina que me tomó un rato aclarar. Mi disculpa en palabras y actitud abrió la puerta para una conversación más profunda que nos llevó a la sanidad y el perdón sobre ese evento, pero que permanece hasta hoy como un extraordinario momento de conflicto en nuestro matrimonio.

COLOCAR AL MATRIMONIO EN PRIMER LUGAR

El conflicto entre Jan y yo es un ejemplo de cómo la mayoría de las cosas increíbles e insignificantes hacen una montaña de un grano de arena cuando decidimos que defenderemos nuestra perspectiva sin importar el daño que pueda causarle al matrimonio. Sin embargo, el doctor John Gottman, un profesor de psicología en la Universidad de Washington y autor de varios libros acerca del matrimonio en la lista de los más vendidos, nos advierte de ello. Él afirma en su libro, *Los siete principios para hacer que el matrimonio funcione*:

> En los matrimonios más fuertes, el esposo y la esposa comparten un profundo sentido de significado. Ellos no solo "se llevan bien"; además, se apoyan mutuamente en sus anhelos y aspiraciones y construyen un sentido de propósito en su vida juntos. Eso es lo que quiero decir cuando hablo acerca de honrarse y respetarse el uno al otro. Muchas veces, que el matrimonio no haga esto es lo que causa que el esposo y la esposa se hallen en interminables rondas de disputas inútiles o que se sientan aislados y solos en el matrimonio. Después de ver innumerables videos de parejas peleando, puedo garantizarle que la mayoría de las peleas no son realmente acerca de si la tapa del inodoro está o no levantada, o a quién le toca sacar la basura. Hay temas más profundos, ocultos, que incitan estos conflictos superficiales y que los hace mucho más intensos y dolorosos de lo que serían de otra manera.[1]

Tal vez ustedes hayan experimentado eso en su propio matrimonio como una serie de desacuerdos tontos e insignificantes proliferando fuera de control y convirtiéndose en una barrera que cambió su perspectiva y, luego, finalmente, provocó un cambio en el compromiso hacia su matrimonio. El enfoque en una situación o la explosión que resulta de múltiples conflictos no resueltos en la relación cambió su comportamiento y le colocó en posición para defender algo ridículo mientras sacrificaba a la persona o a aquello que era más preciado para usted. Es un hecho triste que la razón que más comúnmente se presenta ante la corte en una petición de divorcio sea *diferencias irreconciliables*. En lugar de decirle al juez las pequeñas cosas que empezaron el proceso que les llevó a este punto de tomar la decisión de terminar la relación, simplemente decimos que no puede funcionar.

No es mi intención minimizar el dolor asociado con el divorcio, ni humillar el proceso que lleva a una pareja a una decisión tan monumental. Como pastor, estoy muy consciente del dolor y sufrimiento asociado con el divorcio para todos los involucrados. La intención no es cuestionar el proceso que les llevó a donde están hoy. Es darles herramientas para el futuro que puedan ayudarles a evitar el camino que termina en ese lugar y darles esperanza renovada en la promesa que Dios les llevará a un punto de sanidad y restauración.

La solución importa

¿Determinan los métodos o la frecuencia de las peleas el grado de felicidad en nuestro matrimonio? La lógica nos llevaría a concluir una causa y efecto entre estos dos, pero según una investigación sobre el matrimonio, no es así. Hay parejas que pelean y hay parejas que raras veces están en desacuerdo, y aun así, ambas tienen relaciones igualmente felices.

Pareciera que el factor más significativo que afecta la felicidad en el matrimonio no es la falta de conflicto. El factor más significativo influenciando la felicidad es nuestra capacidad para *resolver* el conflicto que se desarrolla en nuestro matrimonio. Es conocer y utilizar los métodos correctos para resolver el conflicto que produjo la pelea.

El Dr. Gottman y un equipo de investigadores han estudiado la manera en que las parejas interactúan, observándolas en una estadía en su "laboratorio matrimonial", que es un apartamento localizado en el campus de la Universidad de Washington. Las parejas se relacionan entre ellos mientras las cámaras les permiten, al Dr. Gottman y a sus investigadores, observarlos en una interacción en vivo. Gottman dice en su libro, *Why Marriages Succeed or Fail*, [Por qué los matrimonios tienen éxito o fracasan]:

> Si hay una lección que he aprendido de mis años de investigación es que un matrimonio duradero resulta de la capacidad de la pareja para resolver los conflictos, que son inevitables en cualquier relación. Muchas parejas tienden a igualar un nivel bajo de conflicto con la felicidad y creen que la afirmación: "nosotros nunca peleamos" es una señal de salud conyugal. Pero yo creo que crecemos en nuestras relaciones al reconciliar nuestras diferencias. Es así como llegamos a ser personas más amorosas y experimentamos verdaderamente los frutos del matrimonio.[2]

Gottman, además, afirma que hay mucho más que saber que solamente cómo pelear bien:

> No todas las parejas estables resuelven los conflictos de la misma manera. Tampoco todas las parejas quieren decir lo mismo con "resolver" el conflicto. De hecho, he encontrado que hay tres estilos diferentes de resolver problemas en los cuales los matrimonios

sanos tienen a asentarse. En un matrimonio validador, las parejas ceden con frecuencia y, con calma, solucionan los problemas, según surjan, llegando a una resolución mutuamente satisfactoria. En un matrimonio que evita los conflictos, las parejas están de acuerdo en no estar de acuerdo, raras veces confrontan sus diferencias directamente. Y, finalmente, en un matrimonio volátil, muchas veces los conflictos explotan, resultando en disputas apasionadas.[3]

Investigaciones realizadas por Gottman y otros en el campo, comprueban que hay pasos que las parejas pueden dar para fortalecer sus matrimonios mientras se dedican a resolver el conflicto. Hemos estado discutiendo la interacción entre un esposo que evita el conflicto en un intento de establecer la paz con su apasionada y agresiva esposa, quien puede ser volátil al expresar sus emociones; por lo tanto, quiero hacer esta clarificación. Todos nosotros tenemos una mezcla de estilos en la forma en que abordamos y resolvemos el conflicto. Si su estilo predominante es evitar el conflicto o volátil, eso no significa que usted puede ignorar las expresiones dañinas que hemos discutido específicamente relacionadas a las tendencias pasivo-agresivas o apasionado-dominante, usándolas como excusas de su comportamiento. Debemos procurar, individualmente, la salud emocional y espiritual para que esta se refleje en la manera en que nos relacionamos en nuestro matrimonio.

EL FACTOR FE

Cuando Jan y yo entramos al matrimonio, cada uno tenía una relación individual con Dios y un compromiso para buscarlo y servirlo. Eso hizo que involucrarlo a Él en nuestra relación fuera un paso fácil y natural. Esa base nos dio una perspectiva espiritual sobre las cosas que influenciaban e impactaba nuestra relación. Nuestra fe sostiene nuestro compromiso mutuo y sirve para motivar nuestros esfuerzos para resolver el conflicto al darnos una perspectiva sobre el problema que pareciera ser agobiante. En momentos estratégicos, nos recordamos mutuamente que el tamaño de nuestro problema no es más grande que la capacidad de Dios para obrar a favor nuestro. Eso nos ayuda a superar el desánimo del momento. Además, nuestra fe nos da una mayor perspectiva que el problema que estamos enfrentando en el momento al recordarnos de la abundancia de bendiciones, frutos y felicidad en nuestra relación. Mantener una perspectiva apropiada durante el conflicto nos ayuda a combatir la desesperanza cuando trata de colocarse sobre nosotros mientras nos esforzamos en resolver el conflicto. A través de un compromiso personal con Dios, nuestra fe provee una base para el trabajo que se requiere para edificar y mantener una relación feliz y sana.

Use sus palabras sabiamente

Toda solución a los problemas empieza con la comunicación. No es solamente la cantidad de palabras que usemos lo que es importante mientras discutimos la situación del conflicto; también es la calidad de las palabras que usamos para describir lo que sentimos. En su libro, *Fighting for Your Marriage* [Luchar por su matrimonio], Howard Markman, Scott Stanley y Susan Blumberg identifican los patrones destructivos de la comunicación que se vuelven tóxicos mientras evitan la resolución del conflicto y que incrementan grandemente el riesgo de infelicidad y divorcio. Los cuatro patrones que ellos identifican son: 1) intensificación, 2) invalidación, 3) retirarse y eludir, y 4) interpretaciones negativas. Estos patrones son progresivos en su impacto mientras las parejas intentan resolver el conflicto y establecer la conexión el uno con el otro.[4] El conflicto puede intensificarse a medida que asociamos eventos pasados, otras frustraciones y heridas con el tema del conflicto actual. Se intensifica a través de la basura verbal que se da cuando añadimos otros asuntos a la discusión del evento en el que estamos enfocados. La intensificación hace que todo sea permitido en nuestra conversación, lo cual conduce a un debate intenso y acalorado.

Es más, invalidamos a nuestra pareja usando una variedad de métodos cuando de manera sutil o directa menospreciamos sus pensamientos, sentimientos o carácter en nuestra comunicación. Los invalidamos al trivializar su aporte o contribución a la relación. Nuestra comunicación no verbal puede ser igual de invalidante, tal como: poner los ojos en blanco, gruñir, suspirar o ignorarlo por completo. Cuando estos patrones de comunicación están establecidos en la relación, producen retiro y evitación, puede abrir la puerta o todo tipo de interpretaciones negativas.

Al darnos cuenta de cómo nuestras palabras nutren o destruyen, Jan y yo hicimos un acuerdo al inicio de nuestro matrimonio: nunca debilitar nuestro compromiso mutuo en nuestra comunicación. Es tan fácil, en el calor y la frustración asociada con el conflicto, introducir afirmaciones que socavan el compromiso que hemos hecho el uno al otro, tal como: "Tal vez nunca debimos habernos casado", "serías más feliz con alguien más", o "tal vez deberíamos divorciarnos". Durante todos los años de nuestro matrimonio, sin importar el nivel de frustración, desilusión o conflicto que hayamos enfrentado, no hemos usado palabras que debiliten nuestro compromiso mutuo ni el de nuestros votos matrimoniales.

JUEGUE LIMPIO CON LAS DISCULPAS

Nuestros esfuerzos para cuidar nuestras palabras mientras nos comunicamos son necesarios, pero tienen que ser apoyados por nuestra disposición de responsabilizarnos de nuestros errores. Parece sencillo decir que necesitamos disculparnos el uno con el otro, pero muchas veces es más fácil decirlo que hacerlo.

La disculpa que "no disculpa"

Una disculpa debe describir claramente el problema por el que nos arrepentimos, en lugar de ser una declaración en blanco diseñada para producir paz, tal como: "Si hice algo que te ofendiera, lo siento". Esa es una disculpa que no es disculpa, como la llamamos en nuestro matrimonio. Jan no respaldaría la disculpa que no es disculpa en nuestro matrimonio. Yo quería evitar el conflicto y crear paz así que, al principio, con frecuencia, intentaba el método "no disculpa" para disculparme y resolver el conflicto. Era mi esfuerzo inmediato para recuperar la paz y la conexión cuando habíamos tenido un conflicto. Sin embargo, no me dejaba salirme con la mía. Siempre me preguntaba por qué me estaba disculpando, y si yo no podía decirle específicamente la razón, se consideraba una "no disculpa" y no era aceptada. Una "no disculpa" es un intento de cubrir su error sin reparar el daño. La disculpa no es reflejo de un corazón arrepentido si no puede poner, específicamente, en palabras lo que se hizo que causó la herida y que necesita repararse.

El "motivo excusa"

La segunda barrera para una disculpa es el "motivo excusa". El motivo excusa evita que suceda una disculpa porque la persona se aferra al hecho de que la herida no fue intencional. Empecé a darme cuenta de esa parte de mi respuesta defensiva a Jan, relacionada con el motivo detrás de mi acción, no de la acción en sí. Jan me confrontaba sobre lo que había hecho, y mi respuesta era para defender la intención de mis actos en lugar de responsabilizarme por sus resultados. Mi respuesta a su confrontación con algo que había hecho era decir: "No, no lo hice". Pero estando muy segura de los hechos que mi comportamiento habían producido en ella, decía: "Sí, si lo hiciste". Y empezábamos de nuevo. Los hechos relacionados a la situación no eran discutibles, pero ya que estos no reflejaban la intensión de mi acción, en mi mente, mi motivo puro disculpaba la acción y se volvía la base de mi defensa.

El "motivo excusa" es solapado. No lo reconocí fácil o rápidamente y, por lo tanto, muchas veces se convirtió en una barrera para nuestros esfuerzos de resolver el conflicto, y en lo que a mí respecta, para decirlo sinceramente, lo sentía mucho. Este introduce una perspectiva completamente diferente, casi no relacionada, a la conversación. Sin reconocer la validez de los hechos, defiende y niega las acciones que causaron el conflicto. La fortaleza de mi defensa se basaba en mi creencia de que lo que Jan estaba diciendo que yo hice intencionalmente la absurda cosa que la había lastimado o ignorado o faltado al respeto o lo que sea que hubiera hecho. No podía responsabilizarme por eso porque yo nunca tuve la intensión de lastimarla.

Por supuesto, todo esto no lo tenía tan claro en ese entonces, como lo tengo ahora. Mis sentimientos y los hechos de Jan nublaron mi capacidad para identificar, con exactitud, lo que estaba sucediendo en ese momento. Jan necesitaba que yo reconociera el impacto de mi comportamiento sobre ella, y yo quería que ella reconociera que ese resultado no fue intencional. Esas dos conversaciones nunca se conectaron por sí mismas. El "motivo excusa" polariza nuestras perspectivas de manera que nos hablemos el uno al otro desde direcciones opuestas. Ese proceso no nos llevará a disculparnos por lo que hayamos hecho.

Me ayuda a evitar la barrera del "motivo excusa" cuando Jan me confronta si empieza la conversación con: "Yo no pienso que tu intención haya sido esta, pero…" , y luego me dice el impacto de mis acciones en ella. Puedo tomar la responsabilidad más fácilmente y disculparme por mi acción si yo sé que ella comprende que mi motivo era diferente al resultado que produjo mi acción fallida.

"Tú también estabas equivocado", el juego de la culpa
Otra excusa para no disculparse es la de "lo que ellos hicieron fue peor que lo que yo hice". Entra directamente en la excusa: "Ellos me obligaron a hacerlo". Si la otra persona no se disculpa por la parte que le corresponde, nos decimos a nosotros mismos que no tenemos que disculparnos por la nuestra. Y aun cuando ellos *sí* se disculpen, pensamos que realmente debían disculparse porque lo que hicieron era muy ofensivo, como si nosotros no tuviéramos que disculparnos porque solamente estábamos reaccionando a lo que nos hicieron.

Casi suena como una evasiva, ¿no es así? ¡Y lo es! Esta clase de orgullo evita que aceptemos humildemente lo que ha sucedido y que ofrezcamos una disculpa. Estamos más interesados en el problema que en la relación. Es deshonesto, engañoso y necesita reconocerse como un destructor de relaciones. La buena comunicación nos lleva a una disculpa sincera que allana el camino para el perdón y la reconexión en nuestra relación. El perdón y la reconexión es el máximo objetivo que buscamos a medida que atravesamos el conflicto hacia una resolución pacífica.

Trate de reconciliarse

La reconciliación es un proceso que nos capacita para ver una situación y los resultados que esta ha producido en la misma forma en que nuestro cónyuge lo ve. Cuando resolvemos los problemas que nos han herido y frustrado, nuestro objetivo es el mismo como cuando reconciliamos nuestro estado bancario. En ese proceso el estado de cuenta no está reconciliado hasta que revisamos que nuestro registro y el estado bancario digan lo mismo acerca de nuestro balance financiero. Cuando buscamos la reconciliación en nuestras relaciones, debemos discutir los "cobros" contra nosotros y los "retiros" contra la relación y llevarlos a un punto donde ambos digan lo mismo. Eso implica un proceso.

Cuando nos han hecho daño, se ha creado una injusticia. Nuestra opción es buscar establecer nuestra propia justicia por los daños que nos hicieron o renunciar a ese derecho y confiar en que Dios hará justicia por nosotros. Dios es justo, y Él promete resolver toda injusticia (Romanos 12:19). El perdón es una elección que hacemos para renunciar a nuestro derecho de exigir un castigo por lo que se nos hizo. La falta de perdón se aferra a ese derecho y trata de cobrar el castigo usando cualquier medio disponible. Si vamos a vivir en el perdón que se nos ha provisto a través de Jesucristo, entonces debemos extender perdón a aquellos que nos han lastimado (Mateo 6:12).

Algo de la injusticia que se nos hizo ha causado un dolor tan grande que la idea de rendir el derecho a exigir un castigo parece una tarea imposible. Lo entiendo. No es imposible, pero sí se necesita fe. Es una demostración clara de nuestra confianza en que Dios hará la justicia apropiada por nuestra injusticia.

¿Está esperando que la justicia se sirva antes de tomar la decisión de perdonar? ¿Está, directa o indirectamente, buscando obtener justicia por sus propias manos en lugar de confiar en que Dios hará la justicia necesaria? Usted no producirá reconciliación en su relación sin el perdón.

Uno de los rasgos más consistentes que ha sido demostrado en la vida de Jan ha sido el perdón, y yo he sido el beneficiario. A través de muchos de los relatos que compartimos en este libro, se le ha hecho ver las cosas ridículas, egoístas y tontas que he hecho y que han herido a Jan. Aun así, ella ha demostrado su fe y ha escogido activamente no obtener su propia compensación en nuestra relación. Ha decidido confiarle a Dios su dolor y la injusticia que creó y vivir su vida en la libertad que provee el perdón. Eso me deja a mí con la opción de andar en la libertad que ella y Dios me extendieron en nuestra relación y esforzarme para reconstruir la confianza que ha sido rota por mis acciones.

La decisión de perdonar es la decisión de no obtener su propia justica, pero eso no descarta la necesidad de reconstruir la confianza. Muchas veces, este paso en el proceso de reconciliación es malinterpretado o ignorado. Debemos estar conscientes de que ha habido una injusticia, esta ha creado una ruptura de la confianza en la relación. Una vez la confianza ha sido quebrantada, tiene que volver a ganarse. Así es como a una persona se le describe como digno o indigno de confianza. Muchas veces, cuando se trata con un problema que ha causado dolor y producido una injusticia, la pareja piensa solamente en la necesidad o la responsabilidad de perdonar, pero ignora el proceso necesario para reestablecer la confianza.

En una relación donde ha habido múltiples heridas e injusticias infligidas por medio de las palabras y el comportamiento de una persona, allí puede desarrollarse tal ruptura de la confianza que aunque se haya extendido el perdón, la relación no puede ser reconciliada porque el individuo no es digno de confianza y no está dispuesto a hacer el esfuerzo requerido para reconstruir la confianza. Establecer límites para rendir cuentas no es un reflejo de la falta de perdón, sino que es el sistema de soporte que protege el esfuerzo requerido para reconstruir la confianza en la relación en camino a la reconciliación.

HABLEMOS DE USTED

Al cerrar este capítulo, espero que haya quedado claro que la comunicación en una relación es esencial. Jan y yo hemos aprendido a través de muchas situaciones lo que funciona y no funciona para nosotros. Oramos que a medida que usted lee este libro, Dios empiece a mostrarle las áreas en su relación donde puede mejorar en su comunicación y apertura con su cónyuge. Si ha habido áreas de heridas pasadas, le animamos a tomar un tiempo para llegar a un punto donde estén andando en completo perdón el uno hacia el otro. Reciban consejería externa cuando sea necesario. Y si hay áreas donde la confianza necesite ser reconstruida, vale la pena dar los pasos hacia ese objetivo.

Cuando haya tensión en su matrimonio, permítanos recomendarle que en lugar de seguir el camino de la invalidación, retiro o excusas, encuentre una resolución sana. A medida que se propongan en su matrimonio llevar todo conflicto a una resolución sana, encontrará mucha más satisfacción y realización en su relación. Todas las relaciones tienen conflictos, pero hay una manera piadosa de permitir que el conflicto les una en lugar de separarlos. Sigan el estilo de Dios para comunicarse, extender perdón y reconstruir la confianza, y luego, mire hacia atrás, y ¡observe Su obra milagrosa en su vida!

Capítulo 12

EL PODER DE LA CONEXIÓN

⤜⤚ TOM ⤙⤛

LO LARGO DE LOS AÑOS, JAN Y YO HEMOS experimentado la desconexión en nuestra relación, tanto en cosas pequeñas como grandes. Reconocemos que la desconexión en relaciones sucede en cierto grado en todos los matrimonios. Sin embargo, mientras más comprendemos y aceptemos cada capa de la conexión, más profunda y satisfactoria será en nuestro matrimonio. De manera que en este capítulo vamos a hablar acerca de esas capas de conexión y cómo fortalecer cada una de ellas.

Empezaré por decirles que requerirá comunicación, honestidad y esfuerzo constante para establecer y mantener una conexión con su cónyuge. Al igual que la conexión sin cables en su computadora o teléfono inteligente, se necesita un proceso que funcione adecuadamente para que suceda la conexión. Cuando está funcionando, cuando tiene conexión, su relación resuena bellamente. Cuando no está funcionando, los sentimientos de desconexión son tan frustrantes y confusos como cuando la conexión en su computadora de Internet no está funcionando. ¿Sabe lo que quiero decir? Empieza el pánico.

Muchas veces usted tiene que llamar a un profesional para arreglar el problema.

Tener una conexión en la relación no es como un programa que podamos hacer funcionar o que podamos hacer algunos ajustes para que todo, repentinamente, funcione sin tropiezos. Implica un proceso en nuestro corazón. Usted podrá pensar que la conexión debería, simplemente suceder de manera natural, y algunas veces así es. Pero muchas veces conectarse implica un proceso de aprendizaje, de comunicación y crecimiento mutuo.

Esto se debe a que se formaron conceptos en nosotros durante nuestro crecimiento que ahora afectan nuestro comportamiento como adultos; por lo tanto, afectan nuestra interacción en el matrimonio. Es importante reconocer las influencias que han moldeado nuestra vida. Yo llegué al matrimonio con una idea determinada de los roles que el esposo y la esposa deben jugar en su relación. Mi entendimiento fue moldeado por muchas influencias, que provenían de fuentes como: mis padres, mis abuelos, las familias de mis amigos, y los conceptos románticos de amor y relaciones mostradas en las películas, la música y los libros. Muchas de las influencias en mi vida fueron buenas y saludables; pero otras no, y la imagen que éstas crearon de los roles y la responsabilidades en el matrimonio fue incompleta e inexacta. Tuve que descubrir las ideas dañinas que tenía acerca del matrimonio y hacer los ajustes necesarios a medida que crecíamos en nuestra relación conyugal con Jan.

Para que la conexión más completa y profunda se desarrollara, tenemos que estar dispuestos a, por lo menos, considerar que nuestro punto de vista actual tiene imperfecciones y también debemos estar dispuestos a aceptar una nueva perspectiva de nuestras responsabilidades en el matrimonio. Quizá usted nunca haya pensado en la conexión con su cónyuge en la manera que lo estamos abordando aquí. Algunas veces las parejas se preguntan: "Si la conexión requiere tanta reflexión y esfuerzo, ¿está nuestra relación verdaderamente motivada por el amor? Quiero decir, si nos amamos el uno al otro, ¿no debería ser fácil y natural estar conectados? Esto parece muy mecánico tal vez me casé con la persona equivocada. Mantenerse conectados no era tan duro cuando éramos novios, así que ¿por qué debería ser tan difícil ahora que estamos casados?". Mi explicación corta es esta: la conexión no era el enfoque de su relación cuando eran novios. Era el subproducto de la manera en que se relacionaban el uno con el otro. Si una pareja no siente una conexión en las primeras etapas de su relación de noviazgo, la relación termina porque uno o ambos concluyen que no son compatibles, y luego siguen adelante con sus vidas. Sin embargo, una vez dos personas se casan, la intimidad se convierte en un enfoque importante en el proceso de desarrollar y mantener la plenitud y la satisfacción en la relación. Cuando esa conexión se bloquea de alguna manera, culparse mutuamente o negar que las cosas no están en sintonía no ayuda. Se requiere sensibilidad, cooperación y mucho esfuerzo para identificar y superar la barrera que impide la conexión.

Cuando Jan y yo empezamos nuestro matrimonio, me sorprendió que conectarme con ella no era un proceso fácil. Tuvimos una relación de noviazgo activa, espiritual y afectiva. En ese entonces, era fácil para nosotros conectarnos; así que pensé que nuestra conexión del matrimonio sería más fácil, más profunda y más fuerte, y que sucedería con poco esfuerzo. Lo que descubrí fue que la conexión fácil, divertida y natural que queríamos requirió mucho más esfuerzo para lograrla en el matrimonio.

Cuando pienso en la conexión relacional que es posible en un matrimonio, pienso en un proceso que implica tres categorías generales: la conexión física, la conexión emocional y la conexión espiritual. El nivel más profundo de intimidad se alcanza cuando hemos desarrollado la conexión en las tres categorías. Echemos un vistazo a cada una de ellas.

UNIRSE A TRAVÉS DE LA CONEXIÓN FÍSICA

Llegué al matrimonio con la idea de que nuestra conexión física era la conexión más importante en nuestra relación conyugal. Pensaba que cualquier otro tipo de conexión que compartiéramos sería el subproducto de una relación sexual satisfactoria entre nosotros. Mi solución al sentimiento de desconexión con Jan implicaba tener sexo con más frecuencia. Yo estaba seguro de que todas las otras áreas de nuestra vida mejorarían y serían más completas cuando tuviéramos sexo con más frecuencia. Con el pasar del tiempo, empecé a darme cuenta que la conexión que deseábamos no se profundizó como resultado de tener sexo con más frecuencia. No era la solución uniforme que yo pensaba para la desconexión en nuestra relación. La realidad es que la intimidad sexual por sí misma no produce conexión en la relación.

He hablado con parejas que son muy activas sexualmente y aun así se sienten totalmente desconectados en su relación. Su frecuencia sexual y pasión no necesariamente les lleva a una conexión completamente satisfactoria en su matrimonio. En nuestro matrimonio descubrí que una conexión física satisfactoria mejora ampliamente cuando las conexiones emocional y espiritual están establecidas. No es necesariamente cierto que una conexión física satisfactoria producirá conexión emocional y espiritual. Mientras más conexión sintamos en las tres categorías de conexión: física, emocional y espiritual, más profundo y abundante será el amor y la satisfacción en nuestra relación.

Dios estableció el sexo para que se disfrutara y fuera satisfactorio en el contexto completo de una relación matrimonial comprometida y amorosa. Pero sabemos que muchas parejas llegan al matrimonio con experiencias sexuales que las han lastimado y que han tenido una influencia negativa en su capacidad de responder sexualmente a su cónyuge. Cuando el abuso sexual, el trauma sexual, las adicciones sexuales o la promiscuidad han sido parte de su vida, el impacto de esas experiencias afectará su matrimonio y se dificultará el poder establecer una relación sana con su cónyuge.

Aunque las heridas de esas situaciones hayan sucedido hace muchos años, en su pasado, aun así continúan impactándole hoy. Estas situaciones deben llevarse a un estado de sanidad y plenitud para que una conexión sana pueda suceder. Si no se abordan, las experiencias dolorosas continuarán siendo una barrera contra la conexión con su cónyuge de manera profunda y mutuamente satisfactoria.

Si su conexión física es obstaculizada por las experiencias de su pasado, hay muchos buenos recursos a su disposición. En el apéndice, al final de este libro, comparto una lista de varios de esos recursos. Le pueden servir como una fuente de ayuda mientras le pide a Dios que traiga sanidad y libertad a su vida. Adicionalmente a esos recursos, le animo a buscar un consejero calificado para ayudarle a resolver estas situaciones.

Algunas veces, la causa de la desconexión es, sencillamente, las muchas ocupaciones y las demandas de la familia. Lo que hace que el esfuerzo para conectarse sea muy agotador.

Sin importar la razón de la desconexión en su relación, la solución es admitir que están desconectados y enfocarse intencionalmente en darle prioridad a la conexión con su cónyuge. Al darle a su cónyuge tiempo de calidad, usted incrementa la oportunidad para la conexión que desean. Cuando veo hacia atrás en nuestra vida matrimonial, puedo ver las veces cuando la desconexión afectó nuestro matrimonio. Dios, como nuestro amoroso compañero, nos ha ayudado a identificar los puntos de la desconexión. Esto nos ha permitido trabajar juntos para vencer estos problemas y, finalmente, desarrollar la relación que deseamos el uno con el otro.

Relacionarse por medio de la conexión emocional

⇝ Jan ⇜

Lo más difícil con lo que Tom y yo hemos tenido que tratar en nuestro matrimonio sucedió hace algunos años. Se suscitó un problema entre nosotros sobre el cual, definitivamente, no podíamos ponernos de acuerdo. Nunca habíamos tratado con este tipo de bloqueo en nuestra comunicación en todos los años de nuestro matrimonio. Empezó con cada uno de nosotros dando su propia perspectiva acerca del problema con el que estábamos tratando. Cuando hablamos, estábamos en desacuerdo el uno con el otro y tratamos de persuadirnos mutuamente para hacerlo a la manera de cada uno. Continuamos presentando nuestra perspectiva personal, pero no podíamos ponernos de acuerdo con la perspectiva del otro. Continuamos hablando y discutiendo. Tratábamos de añadir más palabras a medida que intentábamos llegar a un acuerdo, pero más palabras no produjeron un tratado de paz; mientras más lo discutíamos, más duros nos volvíamos en nuestras perspectivas individuales.

Estar en desacuerdo sobre algún tema no es un problema

poco común en nuestro matrimonio porque hay muchas cosas que surgen cuando uno tiene una perspectiva diferente. Pero la forma que usualmente funcionaba para nosotros era que en el curso de una discusión, ambos dábamos y recibíamos un poco y, en el proceso, dejábamos de insistir en nuestro propio punto de vista. Algunas veces, la solución era simplemente estar de acuerdo en no estar de acuerdo, era como un tratado de paz no comunicado. Los términos del acuerdo verbal hacían posible hablar acerca del problema sin ponernos enojados o acalorados instantáneamente. Lo que estoy tratando de decir es que Tom y yo hemos aprendido a estar de acuerdo en disentir el uno del otro sobre muchas cosas.

Sin embargo, esta vez, ni siquiera podíamos estar de acuerdo en discrepar. Cada uno continuaba luchando por su punto de vista, y ninguno de los dos quería ceder. Hablábamos, hablábamos y hablábamos acerca de nuestra perspectiva, pero nunca llegamos a una solución. Después de semanas del mismo argumento, ya habíamos dicho todo lo que se podía decir, y aun así no podíamos acordar una manera que nos permitiera encontrar la paz. Fue agotador.

Un día, empezábamos a ir alrededor de la montaña una vez más cuando dije: "Tom, detengámonos ahora mismo. Hagamos como si ya hubiéramos tenido la discusión donde tú dices las mismas cosas que has estado diciendo cada vez que hablamos acerca de esto y yo digo las mismas cosas que ya dije más de cien veces. Ahora, admitamos todos esos sentimientos heridos y emociones de enojo que se acumularon cuando estábamos discutiendo acerca de ello y avancemos rápidamente al final del argumento, donde todavía no estamos de acuerdo el uno con el otro y nada ha cambiado. ¿Está bien? De esta manera podemos terminar la discusión y no tendremos que sentirnos completamente agotados. Ahora, ¿podemos hablar de algo más?".

Estuvimos de acuerdo en posponerlo y pasamos a algo más. Nunca antes habíamos resuelto un conflicto de esta manera, pero nunca antes habíamos tenido un problema que produjera un alejamiento como este. Después de eso, cada vez que el problema surgía en nuestra conversación, solamente nos mirábamos el uno al otro y decíamos: "ya sabes", y dejábamos la conversación sin estallar en una pelea. Para resumirlo, esa fue una tregua incómoda.

Esa fue una solución temporal para detener la destrucción que traen las palabras airadas, pero no nos ayudó a resolver el problema. Solamente evitó hacernos más daño el uno al otro. Realmente nos molestaba; sin embargo, existía esa cosa que constantemente se interponía entre nosotros. Después de estar juntos por cuatro décadas, estábamos confundidos en cuanto a lo que debíamos hacer después. No podíamos descubrir cómo superarlo. Teníamos un buen matrimonio y nos amábamos el uno al otro, pero habíamos usado todas nuestras herramientas en nuestra caja de herramientas de relaciones y no teníamos nada en ella que nos ayudara a solucionar el problema. Habíamos orado juntos y especialmente el uno por el otro, pero no había un acuerdo que pudiéramos encontrar.

Hablamos acerca de buscar ayuda y empezamos a considerar la consejería externa. Esta no fue una decisión fácil porque se sentía frágil y vergonzoso admitir que no podíamos manejar este problema por nuestra cuenta con Dios. Nosotros creíamos en la consejería, la habíamos recomendado una y otra vez para otras personas. Habíamos podido navegar a través de tiempos difíciles en nuestro matrimonio antes asistiendo a grupos de estudio bíblico y grupos pequeños, escuchando buenas enseñanzas, asistiendo a seminarios matrimoniales, estando en estudios bíblicos, leyendo buenos libros y hablando con amigos. Nosotros éramos quienes dábamos consejería, no la recibíamos... hasta ahora.

Tenemos un amigo en el ministerio que fue a ver a un consejero matrimonial en nuestra zona, así que conseguimos el nombre e hicimos una cita para verlo. Fuimos con altas expectativas de que él podría ayudarnos a resolver el problema. Pasamos un par de horas hablando con él, y acordamos una serie de sesiones para darnos seguimiento y así poder empezar a recibir consejería regular en las semanas venideras.

Después, cuando regresamos al carro, Tom dijo: "Vaya, eso estuvo bien".

Yo dije: "¿Bromeas?". No siento que él nos haya ayudado en lo absoluto. No nos dio nada que nos sirva inmediatamente. Siento como si hubiera ido a la sala de emergencias, con un brazo quebrado, y él me hubiera dado una venda y una aspirina, y me hubiera dicho que regresara en una semana".

Antes de empezar la consejería, habíamos acordado que si uno o ambos no nos conectamos con el consejero, no continuaríamos con ese consejero sino que seguiríamos buscando otro hasta que encontráramos al consejero que funcionara para los dos. De manera que decidimos que en vista que yo no me sentía cómoda no regresaríamos a verlo.

La semana siguiente, estaba hablando con una amiga y ella me dio el nombre de alguien que pensaba que podría ayudarnos. Llamé e hice una cita. Cuando Tom y yo discutimos nuestra cita, me dijo que cuando nos reuniéramos con el consejero, necesitábamos ser completamente transparentes con él y que ambos teníamos que dar detalles completos de nuestra perspectiva para que él pudiera hacer una evaluación correcta, uno de nosotros estaba equivocado y necesitaba cambiar. El preguntó si yo estaba dispuesta a cambiar si se determinara que estaba equivocada. Yo dije que estaba dispuesta, y él dijo que también.

Vimos al consejero individualmente en un par de sesiones, y yo sentía ayuda inmediatamente mientras Tom estaba cautelosamente optimista. Estaba ansioso de saber quién tenía razón y quien estaba equivocado. Empezamos a ver buenos resultados cuando empezamos a reunirnos juntos con el consejero. Creo que podría escribir un libro acerca de todas las cosas que aprendimos de él porque él nos ayudó mucho.

Una de las primeras cosas que nos dijo fue que el objetivo de la consejería era descubrir lo que Dios nos estaba diciendo, y no determinar o discutir quién tenía razón o estaba equivocada nos dijo que ambos teníamos perspectivas válidas y que el objetivo era combinar y conectar nuestras perspectivas. ¡Caramba! ¿Ninguno de los dos estaba equivocado? Esa era una idea novedosa que quitó completamente el problema de "tener razón versus estar equivocado", lo que nos liberó para poder escuchar lo que el otro estaba diciendo sin defender la posición propia. Recibimos nuevas herramientas para ayudarnos en nuestra comunicación. Aún mejor, dejamos de discutir acerca del problema y empezamos a reconectarnos el uno con el otro. Durante el año siguiente, nuestro problema pasó a ser un "no problema" a medida que nuestros corazones sanaban y volvían a conectarse.

Muchas veces, estamos muy avergonzados o somos muy orgullosos para admitir que necesitamos ayuda externa en nuestra búsqueda para resolver los problemas que enfrentamos. Pedir ayuda se siente como si fuera una señal de debilidad o de ser poco espiritual. Tom y yo no nos dimos cuenta que nos sentíamos de esa manera hasta que fuimos los que necesitaban ayuda. Pero estábamos desesperados por obtener ayuda, así que dejamos nuestro orgullo y nos comprometimos al proceso de consejería para superar esta barrera que había entre nosotros. La consejería nos ayudó tanto que cambiamos completamente nuestra manera de pensar en cuanto a nuestra propia necesidad personal de consejería. Ahora, somos grandes defensores de que la gente en liderazgo busque ayuda de un buen consejero cuando tengan problemas que no puedan resolver con sus propias habilidades y esfuerzos. Animamos a cualquiera que esté teniendo problemas de relación, que sencillamente no puedan resolver a que busquen ayuda; no importa quiénes sean o qué nivel de madurez espiritual tengan. La consejería profesional puede ser un gran recurso de ayuda para nuestro matrimonio.

Decir que usted nunca ha necesitado consejería no es una insignia de honor; decir que ha ido a recibir consejería tampoco es una insignia de vergüenza. Se necesita ser valiente y vulnerable para compartir su dolor privado con alguien más. No estamos avergonzados de haber recibido ayuda nosotros; libremente, le decimos a cualquier pareja que ha teniendo problemas y que no puedan superar sus problemas que una buena consejería puede ayudar. Esperamos que al compartir nuestra experiencia, hayamos quitado la vergüenza o la humillación que usted podría sentir en relación a buscar consejería.

No todo desacuerdo requiere una visita al consejero, de la misma manera que en no todo resfriado requiere la visita a un doctor. Sin embargo, cuando usted ha hecho todo lo que puede hacer para resolver el problema y todavía no logra encontrar una solución satisfactoria, animamos a las personas a buscar consejería antes de que el grano de arena se convierta en una montaña. Queremos que busque la ayuda que necesita para fortalecer su matrimonio, ya sea que haya estado casado durante uno o sesenta años.

Otra idea relacionada a la consejería. Quizás, al igual que

nuestra experiencia inicial en recibir consejería, usted ha ido en busca de consejo y no le ayudaron. Tal vez, a través de su experiencia de recibir consejería se desanimó y se siente desesperanzado. Quiero animarle a no perder la esperanza, no importa cuán difícil parezca su problema hay ayuda para usted, así que no se desanime. Si ha intentado recibir consejería con alguien y no le ayudó, busque a alguien más.

Luego, cuando encuentre a alguien que le esté ayudando, no abandone el barco cuando las cosas empiecen a ponerse un poco difíciles. Su consejero podría decir algunas cosas que son difíciles de escuchar, y habrá, probablemente, algunas conversaciones incómodas y autorevelaciones con las que deberá tratar. Un buen consejero le ayudará a ver cosas y a tratar con cosas con las que usted no podría lidiar por sí solo. Ellos no van a destrozarle pero sí le animarán y ayudarán a guiarle por el sendero a una relación saludable. Tenemos que estar dispuestos y comprometidos a mantenernos involucrados en el proceso y hacer lo que nos toca para producir una relación fuerte y sana.

FLORECER A TRAVÉS DE LA CONEXIÓN ESPIRITUAL

⤞ TOM ⤝

Algunas personas estarían satisfechas si solamente pudieran alcanzar la conexión física y emocional con su cónyuge. Sin embargo, si usted se queda allí, se perderá del ingrediente principal para crear un matrimonio satisfactorio: la conexión espiritual.

La conexión espiritual provee profundidad y unidad entre dos personas que mezcla e identifica el propósito único de ambas personas en el matrimonio. En esencia, la conexión espiritual refleja el conocimiento de que Dios nos creó para tener una relación con Él y que Él tiene un propósito para nuestra vida y nuestro matrimonio. De hecho, ¡el matrimonio fue idea de Él! La conexión espiritual tiene que empezar con ambas partes teniendo una relación personal con Dios. Nuestra conexión espiritual individual refleja la búsqueda de Dios y el deseo de cumplir Su propósito. Desarrollar una conexión espiritual en el matrimonio implica combinar nuestra búsqueda individual del propósito de Dios con la intimidad que nos esforzamos en desarrollar en nuestro matrimonio.

El grado de nuestra conexión espiritual es determinado por nuestra apertura para compartir y discutir lo que sabemos y estamos experimentando acerca de Dios y Su propósito para nuestra vida, tanto individual como de pareja. Esto requiere una disposición para compartir frustraciones, dudas y deseos con libertad el uno con el otro sin juzgarse mutuamente. La búsqueda y el descubrimiento del propósito de Dios juntos con el apoyo y ánimo que se dan mutuamente, determinará la profundidad de la conexión espiritual que tendremos en nuestro matrimonio.

La primera vez que me percaté, de lo que ahora sé que era una desconexión espiritual, sucedió en los primeros años de nuestro matrimonio. Estábamos en una celebración de Navidad con un grupo de parejas de nuestra iglesia. Jugábamos a los recién casados. Este es un rompehielos divertido, donde se selecciona a cuatro parejas y se separa a los cónyuges, unos de otros. Se les hacen preguntas que deberán responder, con suerte, de la manera correcta, lo cual será un reflejo de lo bien que se conocen el uno al otro.

Nos hicieron una variedad de preguntas diseñadas para probar nuestro conocimiento de cada uno; preguntas tales como: ¿Cuál es el deporte favorito de tu esposo? ¿Cuál es el perfume favorito de tu esposa? ¿Cuándo fue su primera cita? ¿Cuál es tu comida favorita? La pareja con más respuestas correctas gana el juego.

Una de las preguntas expuso un área de inseguridad, ya que revelaba una desconexión espiritual en nuestra relación. La pregunta era: "¿Cuántas veces a la semana oras con tu esposa?". Uno por uno, cada uno de mis amigos, respondió la pregunta sin titubear. Sus respuestas parecían tan santas y espirituales comparadas a la mía. Estaba intimidado y avergonzado de dar una respuesta verídica. Luché para determinar cómo debía responder la pregunta. Jan y yo orábamos juntos cuando comíamos, y orábamos juntos cuando teníamos que tomar grandes decisiones, pero en realidad, no teníamos un tiempo específico para orar juntos. Uno por uno, mis amigos dieron sus respuestas: tres, cinco, siete; y luego me tocaba a mí. La respuesta verídica en mi mente era cero. Jan tenía una respuesta diferente que reflejaba una perspectiva distinta a la mía. Recuerdo haberme avergonzado y pensar que necesitaba hacer algo más en mi conexión espiritual con ella.

Antes de aquella noche, yo no habría dicho que estábamos espiritualmente desconectados. Íbamos juntos a la Iglesia y asistíamos juntos a un estudio bíblico, pero esta pregunta expuso un área donde yo no estaba seguro. Había ciertos aspectos de mi relación con Dios que yo mantenía separados de Jan, no por maldad o dolor, sino más por inseguridad y por falta de conocimiento que de cualquier otra cosa. A través de una introspección que empezó esa noche alrededor del de la pregunta de la oración, me di cuenta que nuestra conexión espiritual no era tan profunda como podría haber sido con un poco con más esfuerzo enfocado y apertura emocional de mi parte.

Yo estaba indeciso de volverme lo suficientemente vulnerable como para orar con Jan sobre los eventos comunes en nuestra vida. Yo podía orar por cosas específicas, tales como pedirle a Dios que bendijera nuestra comida o que nos ayudara a tomar una decisión acerca de cuál empleo aceptar o donde vivir. Pero orar por algo no específico, orar acerca de cosas que simplemente surjan de mi corazón...¿Qué diría? ¿Cómo lo diría? ¿Qué pasa si no lo hago bien o si mi oración resulta extraña? Estos son obstáculos que me di cuenta que debía vencer para comenzar a conectarme con Jan de manera espiritual más profunda.

Dios nos ha creado para tener una conexión espiritual con Él. Creo que toda persona está buscando una conexión espiritual que solamente Dios puede llenar. Cuando nos casamos, esa búsqueda de conexión espiritual se amplía para incluir a nuestra esposa en ella. Nuestro deseo por un matrimonio saludable incluye buscar primeramente la conexión espiritual con Dios y luego con nuestro cónyuge, a medida que reflejamos nuestra su relación con Él en nuestro matrimonio.

El lugar para empezar es hacerse estas preguntas: ¿Está usted buscando a Dios en lo personal? ¿Está usted dispuesto a compartir su búsqueda de Dios y Su propósito para su vida con su cónyuge? Esta apertura es lo que creará el fundamento que permitirá una conexión espiritual más profunda entre ustedes dos.

Uno de los muchos beneficios de una conexión espiritual es que provee una base sólida para criar a una familia y tratar con los problemas de la vida. También provee la fortaleza de Dios a medida que nos esforzamos en edificar y sostener una relación matrimonial de por vida, el uno con el otro, porque entendemos que nuestra relación se trata de algo más que solamente nosotros. Vale la pena el esfuerzo de hacer una conexión espiritual con su cónyuge porque eso abrirá su relación a un nivel completamente nuevo de conexión e intimidad, sin mencionar una mayor participación de Dios.

HABLEMOS DE USTED

No quiero que se desanime o frustre si no está experimentando nada de esto. Puedo decirle que usted nunca llegará a un punto de completa conexión física, emocional y espiritual con su cónyuge. A mayor profundidad en su relación, se crea mayor capacidad en estas áreas para una conexión relacional aún más grande. Oramos que este capítulo le haya animado a querer buscar diligentemente la intimidad con su cónyuge y a desarrollar su conexión a lo largo de todos los niveles que hemos discutido. Esperamos que le haya dado una visión y un marco de referencia para comprender su conexión relacional a medida que se esfuerzan juntos en desarrollar el matrimonio maravilloso que Dios planeó para ustedes.

Capítulo 13

¿CUÁL ES EL SIGUIENTE PASO?

EN NOVIEMBRE DE 1943. DOCE ENFERMERAS estadounidenses abordaron un avión que las transportaría a Sicilia. Estaban programadas para viajar en un vuelo corto a la parte sur de Italia, donde continuarían su labor cuidando de los soldados estadounidenses heridos que peleaban en el área. Pero su avión fue atacado por soldados alemanes y voló fuera de curso hacia una terrible tormenta. El piloto se vio forzado a hacer un aterrizaje de emergencia, y los treinta sobrevivientes, incluyendo a las enfermeras, se sorprendieron al saber que estaban cientos de millas fuera de curso en la Albania ocupada por los nazis.

Conscientes de que los nazis pronto llegarían al lugar para llevarlos prisioneros, la tripulación huyó del avión. Las mujeres pudieron haberse rendido y, siendo mujeres no combatientes, pudieron haber esperado ser tratadas relativamente bien. Pero ellas no recibirían ese trato. Al contrario, todos los sobrevivientes se embarcaron en un recorrido peligroso tras las líneas enemigas, refugiándose con los combatientes de la resistencia local mientras se abrían paso a lo largo de la costa, esperando conectarse con las Fuerzas Aliadas y, finalmente, ser rescatados.

Caminaron casi mil trescientos kilómetros a través del territorio hostil, muchas veces, manteniéndose ligeramente delante de las fuerzas nazis. Escalaron una montaña de casi dos mil quinientos metros de altura durante una tormenta de nieve, sobrevivieron el fuego enemigo y escaparon de un pueblo de la resistencia momentos antes que las fuerzas alemanas lo destruyeran. Con el tiempo, el grupo hizo contacto con la Inteligencia Británica e hicieron arreglos para ser evacuados. Sorprendentemente, todos los treinta sobrevivientes del accidente aéreo llegaron a salvo.[1]

Esta historia podría parecer un lugar poco usual para empezar nuestro último capítulo juntos. Sin embargo, nos da una imagen del tipo de recorrido de sobrevivencia que su matrimonio podría estar enfrentando. Cada pareja que decide construir un matrimonio para toda la vida, especialmente uno que esté conectado con el corazón y sea mutuamente satisfactorio, se encuentra en una batalla. La batalla no es una de los sexos, tampoco es una batalla entre individuos con diferentes personalidades. Esas solamente son refriegas superficiales. La batalla subyacente es un enfrentamiento espiritual entre las fuerzas invisibles que pelean contra nosotros en un esfuerzo de impedirnos experimentar todo lo que Dios tiene para nosotros.

El avión de su matrimonio estaba cargado de suministros, gasolina y todo lo necesario cuando despegó el día de su boda. Se dirigía hacia su destino final de gozo, satisfacción conyugal y la vida familiar gratificante, pero entró bajo ataque y voló fuera de curso por las tormentas de la vida. Podría ser que su matrimonio todavía esté volando en lo que usted cree que es la dirección correcta, y usted no está consciente de los retos que le esperan. O, tal vez haya perdido sus pertenencias mientras navegaba su matrimonio a través de los desafíos de la vida. O, quizá, usted esté en una situación más seria y su matrimonio ha tomado una ruta que le ha llevado bajo tanta presión y fuego enemigo que va en picada, echando humo, y usted siente el pánico de un choque inminente en su relación. O, tal vez, a medida que leía este libro, usted está completamente consciente de que su matrimonio ha hecho más que salirse del curso; se ha accidentado, y usted está tratando de encontrar su camino al lugar de rescate.

Al igual que las doce enfermeras estadounidenses y los otros dieciocho pasajeros en ese vuelo de transporte durante la Segunda Guerra Mundial, ¡usted puede sobrevivir las circunstancias difíciles que está experimentando y llegar a un lugar de rescate! La sobrevivencia en las circunstancias difíciles tiene que ver completamente con la voluntad de vivir acompañada de la fe en el constante cuidado de Dios. Hay numerosos testimonios sorprendentes, que inspiran asombro, de matrimonios que sobrevivieron circunstancias difíciles.

Nuestro deseo ha sido construir esperanza en usted y equiparle contándole más que una historia de sobrevivencia. Jan y yo hemos contado nuestras experiencias en el proceso de edificación de un matrimonio con conexión de corazón y para toda la vida. Nuestro propósito ha sido motivarle e inspirarle a que no se rinda, que no pierda la esperanza, sino que tenga fe y continúe esforzándose por rescatar su matrimonio. Mientras enfrenta las situaciones que su matrimonio encuentra, hemos buscado animarle a continuar al traer a la luz los problemas relacionales que nosotros tuvimos que superar. Nuestra perspectiva de los problemas en nuestro matrimonio ha sido desde la dinámica de una mujer fuerte, apasionada y agresiva y un hombre callado, reservado y pasivo, y la manera en que nosotros hemos superado los obstáculos a la vez que edificábamos un matrimonio íntimo y satisfactorio.

No permita que las brechas de su matrimonio o la dificultad

de las circunstancias que le rodean le abrumen al punto de rendirse. Es bueno y necesario para usted tomar una decisión firme de no permitir que el quebranto que ha experimentado continúe. La sobrevivencia depende de que usted no permanezca donde está hoy. Desde esta posición de paz y determinación, tome los pasos necesarios para asegurar que su matrimonio llegue a un lugar de rescate, sanidad y, finalmente, se desarrolle. No está solo en su recorrido. Jan y yo, junto con muchos otros, estamos apoyando sus esfuerzos. Estamos orando, creyendo y apoyando su compromiso con el proceso; y sabemos que sus esfuerzos le llevarán al destino de una relación íntima, conectada de corazón a corazón, saludable y creciente con su cónyuge.

Algo sobre el abuso

Antes de despedirnos, nos sentimos obligados a hablar acerca de un área que no hemos tocado aún. Es el tema del abuso. Si usted está experimentando abuso de cualquier tipo en su matrimonio, su matrimonio no solamente se ha estrellado, sino que, además, tiene extensas heridas que amenazan su vida. Sus heridas pueden ser tan extensas que han le han afectado emocional, física y espiritualmente. Usted ha sido traumatizado, y sea que se dé cuenta o no, apenas ha sobrevivido el choque. En una situación como esta, usted no es capaz de llevarse a sí mismo a un lugar de ayuda y rescate. ¿Qué debe hacer? ¡Necesita recibir ayuda!

Si ha experimentado abuso físico, necesita dar los pasos para protegerse inmediatamente. Ya sea reciente o que haya estado sucediendo por algún tiempo, necesita salirse de la situación de abuso. No lo niegue ni lo excuse. ¡Salga! Es importante que no espere a que haya otro incidente. Si tiene niños, lléveselos y vaya a un refugio de rescate mientras resuelve las cosas. Usted y sus hijos tienen que alejarse de la persona que está abusándoles. Será muy difícil y aterrador dar ese paso, pero su vida y las generaciones futuras dependen de que usted lo haga. Usted no puede evaluar su situación claramente en medio del peligro y necesita ayuda profesional para guiarle a través de los pasos necesarios para proteger su vida y la de sus hijos. Usted necesita aprender un estilo de vida que no tolera la denigración que impone el abuso. Y, por favor, no permita que la persona que le ha abusado le convenza de quedarse en esa situación. Esta persona podrá usar palabras de lástima o promesas de cambio que no va a cumplir, pero el abuso sí va a continuar.

El abuso nunca es culpa suya. Posiblemente usted ha llegado a aceptarlo o tolerarlo por muchas razones, pero usted necesita llegar a ser fuerte y saludable con la ayuda de un profesional. Entonces, podrá ver su situación desde la perspectiva de salud y fuerza para tomar decisiones acerca de su futuro.

Obtenga ayuda profesional y pastoral para guiarle en su proceso de rescate y recuperación. Necesita ayuda y apoyo para dejar este estilo de vida. ¡Hay esperanza para usted! El cambio milagroso puede suceder, pero empieza cuando usted da el paso audaz y valiente para detener su abuso físico. Puede empezar identificando las organizaciones no gubernamentales y centros de ayuda contra la violencia intrafamiliar o violencia doméstica en su localidad; está disponible en todos los países.

El tipo de abuso más difícil de reconocer es el abuso emocional. No hay moretones ni cicatrices que mostrar, de manera que posiblemente no sepa siquiera que les está sucediendo. A lo largo de los años, hemos hablado con individuos que se han vuelto infelices y desanimados por las circunstancias de su relación. Una mujer puede sentirse ignorada, usada, denigrada, y como si no fuera nada más que una cocinera, lavadora de biberones, niñera, compañera de cama para el hombre indiferente, manipulador y egoísta con el que se casó. Un hombre puede sentirse denigrado, menospreciado, deshonrado y como que no fuera más que una máquina de hacer dinero para la mujer manipuladora, indiferente y egoísta con la que se casó. Alejamiento, invalidación y cinismo, todo se vuelve parte de la mezcla emocional de la relación, y el autodiagnóstico es abuso emocional.

No dudamos que todo lo que sucede tiene un impacto emocional en ambas partes, pero ¿es abuso? Es disfuncional y necesita cambiar, pero ¿es abuso? ¿Es lo suficientemente serio como para que usted necesite tomar acción y protegerse, o es una excusa para salirse de un matrimonio infeliz? La única manera de saberlo es acudir a una fuente externa, tal como un pastor o un consejero profesional, y exponer, sinceramente, el patrón que existe en su relación que le hace sentir abusado o abusada.

Si está convencido de que está experimentando abuso emocional, busque ayuda profesional. Por "ayuda profesional" quiero decir un consejero autorizado, preferiblemente uno que tenga una cosmovisión cristiana, no simplemente un pariente cercano o un amigo cristiano de confianza. Con mucha frecuencia es difícil para el miembro de la familia o el amigo evitar ofenderse y tomar partido por lo que ha escuchado u observado en su relación. Cuando está consciente de su dolor, se nubla su capacidad para dar la mejor guía para tomar una decisión con consecuencias que impactan su vida. De manera que si usted siente que está experimentando abuso emocional, busque la ayuda de un consejero calificado que le guíe en su situación. ¡No permita que el abuso emocional continúe o aumente al punto de hacer que su matrimonio se estrelle!

El matrimonio de sus sueños

Al igual que aquellos en la historia que compartí al principio de este capítulo, usted puede superar las circunstancias extremas y difíciles hacia su rescate, sanidad y, finalmente, la relación que desea. Dios es su compañero en el proceso. Búsquelo, dependa de Él y permítale hacer milagros en el camino. Mantenga su enfoque en lo que necesita hacer para sobrevivir en lugar de en las circunstancias inmediatas y continúe trabajando en obtener ayuda y sanidad.

Jan y yo estamos orando que lo que hemos compartido en este libro sea continuado y apoyado por la obra de Dios en ustedes y su deseo de vivir su compromiso mutuo y construir un matrimonio feliz y satisfactorio. Nuestro deseo es darles esperanza y ánimo para que puedan seguir creciendo y aprendiendo nuevas formas de conectarse el uno con el otro.

Les dejamos con este maravilloso pasaje de la Escritura:

> Y a aquel que es poderoso para hacer todo mucho más abundantemente de lo que pedimos o entendemos, según el poder que obra en nosotros.
>
> —Efesios 3:20 (lbla)

189

APÉNDICE

ECOMENDAMOS LOS SIGUIENTES RECURSOS [todos los recursos están disponibles en idioma inglés únicamente] para ayudarles a tratar los problemas sexuales en su matrimonio. Son libros con fundamento bíblico, de autores respetados, quienes son expertos reconocidos en el área del desarrollo de matrimonio.

Gregory, Sheila Wray. *The Good Girl's Guide to Great Sex.* Grand Rapids, MI: Zondervan, 2012.

Langberg, Diana. *On the Threshold of Hope: Opening the Door to Healing for Survivors of Sexual Abuse.* Forest, VA: American Association of Christian Counselors, 1999.

Lasser, Mark. *Healing the Wounds of Sexual Addiction.* Grand Rapids, MI: Zondervan 2004.

Parrot, Les. *Crazy Good Sex.* Grand Rapids, MI: Zondervan 2011.

Penner, Clifford L. y Joyce J. Penner. *Getting Your Sex Life Off to a Great Start.* Nashville: Thomas Nelson, 1994.

————. *Sex Facts for the Family* [Información sexual para la familia]. Nashville: W Publishing Group, 1992.

————. *The Gift of Sex* [El don del sexo]. Nashville: W Publishing Group, 2003.

————. *The Way to Love Your Wife*. Carol Stream, IL: Focus on the Family, 2007.

Rosenau, Douglas E. *A Celebration of Sex*. Nashville: Thomas Nelson, 2002.

Rosenau, Douglas E. y Jim y Carolyn Chlderston. *A Celebration of Sex After 50*. Nashville: Thomas Nelson, 2004.

Tracy, Steven. *Mending the Soul*. Grand Rapids, MI: Zondervan, 2005.

Tracy, Steven y Celestia. *Mending the Soul Workbook for Men and Women*. N.p.: n.d.

NOTAS

Capítulo 1
Descubrir al hombre pasivo

1. Scott Wetzler, *Living With the Passive-Aggressive Man* (New York: Fireside, 1992), 14.
2. *Ibíd.*, 16.
3. *American Heritage Dictionary*, s.v. "passive," https://www .ahdictionary.com/word/search.html?q=passive&submit.x=33& submit.y=34 (consultado en línea el 6 de octubre de 2014).

Capítulo 3
El ladrón que destruye

1. Pat Springle, *Codependency* (Houston: Rapha Publishing, 1990).
2. Margaret Rinck, *Can Christians Love Too Much?* (Grand Rapids, MI: Zondervan, 1990).

Capítulo 11
Cómo encontrar solución

1. John M. Gottman y Nan Silver, *The Seven Principles for Making Marriage Work* (New York: Three Rivers Press, 1999), 23.
2. John Gottman, *Why Marriages Succeed or Fail* (New York: Simon & Schuster, 1994), 28.
3. *Ibíd.*
4. Howard J. Markman, Scott M. Stanley, y Susan L. Blumberg, *Fighting for Your Marriage: Positive Steps for Preventing Divorce and Preserving a Lasting Love* (San Francisco: Jossey-Bass, 2001), 37.

Capítulo 13
¿Cuál es el siguiente paso?

1. Alex Hanton, "10 Epic Tales of Survival Against All Odds," List-Verse, July 8, 2014, http://listverse.com/2014/07/08/10-epic -tales-ofsurvival-against-all-odd (consultado en línea el 19 de octubre de 2014); Agnes Jensen Mangerich, *Albanian Escape: The True Story of U.S. Army Nurses Behind Enemy Lines* (Lexington, KY: The University Press of Kentucky, (1999), 191.